KB211644

무비 스님의 사경 시리즈 8

法華經略纂偈 寫經

무비 스님의
법화경약찬게 사경

무비 스님 한글 번역

담앤북스

사경집을 펴내며

필자는 일찍이 불교에 귀의하여 경학과 참선과 사경과 절과 기도와 염불 등을 골고루 실참實參하면서 무엇이 가장 효과적인 수행일까 하는 생각을 누누이 하여 왔습니다. 그러다가 여러 가지 상황으로 볼 때 사경수행寫經修行이 그 어떤 수행보다도 가장 효과가 뛰어나다는 것을 깨닫게 되었습니다.

그래서 오래전 부산 금정산 아래에 〈문수선원文殊禪院〉이라는 작은 공부방을 하나 마련하여 뜻을 같이하는 불자들과 〈사경수행도량寫經修行道場〉이라는 이름으로 여러 경전을 강의도 하고 아울러 많은 사경 교재를 만들어 사경寫經만 하는 특별반 및 사경 시간을 마련하여 정진하고 있습니다.

그리고 한편 〈사경수행공동체寫經修行共同體〉라는 이름으로 전국의 많은 불자들과 사경수행을 함께 하자는 생각을 하던 중에 마침 2008년 1월부터 전국의 스님 2백여 명이 강의를 들으러 오게 되어서 이 기회에 가장 이상적이고 친절한 사경 책을 여러 가지 준비하여 보급하게 되었습니다. 비록 어떤 조직체는 없으나 자연스럽게 그 많은 스님들의 손으로 사경 책이 전해지고 또 전해져서 그동안 1백만 권 이상이 보급되었으리라 생각합니다.

『금강경』에는 경전을 받아 지니고, 읽고, 외우고, 사경하는 공덕이 그 어떤 공덕보다 우수하다 하였고, 『법화경』에는 부처님을 대신하는 다섯 가지의 법사法師가 있으니 경전을 받아 지니고, 읽고, 외우고, 해설하고, 사경하는 일이라 하였습니다. 사경하는 일이 이와 같거늘 사경수행보다 우수한 공덕과 수행의 방법이 그 어디에 있겠습니까. 실로 불교의 수많은 수행 중에서 가장 위대한 수행이라 할 수 있을 것입니다.

새롭게 도약하는 사경수행운동이 전국으로 번져 나가서 인연을 함께하는 모든 분들이 자신이 앉은 그 자리에서 〈사경수행공동체〉의 일원이 되어 사경이 불법수행의 가장 바르고 가장 유익한 수행이라는 사실을 깨닫게 되어 열심히 정진하시기를 간절히 바랍니다.

경을 쓰는 이 공덕 수승하여라.
가없는 그 복덕 모두 회향하여
이 세상의 모든 사람 모든 생명들
무량광불 나라에서 행복하여지이다.

2021년 2월 19일

신라 화엄종찰 금정산 범어사

如天 無比 합장

사경 발원문

사경 시작한 날 : 년 월 일

______________ 두손 모음

사	경	공	덕	수	승	행
寫	經	功	德	殊	勝	行
베낄 **사**	경전 **경**	공덕 **공**	덕 **덕**	다를 **수**	뛰어날 **승**	행할 **행**

무	변	승	복	개	회	향
無	邊	勝	福	皆	廻	向
없을 **무**	가 **변**	뛰어날 **승**	복 **복**	다 **개**	돌 **회**	향할 **향**

보	원	침	익	제	유	정
普	願	沈	溺	諸	有	情
널리 **보**	원할 **원**	가라앉을 **침**	빠질 **익**	모든 **제**	있을 **유**	뜻 **정**

속	왕	무	량	광	불	찰
速	往	無	量	光	佛	刹
빠를 **속**	갈 **왕**	없을 **무**	헤아릴 **량**	빛 **광**	부처 **불**	절 **찰**

경을 쓰는 이 공덕 수승하여라.
가없는 그 복덕 모두 회향하여
이 세상의 모든 사람 모든 생명들
무량광불 나라에서 행복하여지이다.

法	華	經	略	纂	偈
법 **법**	꽃 **화**	글 **경**	간략할 **약**	모을 **찬**	게송 **게**

一	乘	妙	法	蓮	華	經	일승묘법연화경
한 **일**	탈 **승**	묘할 **묘**	법 **법**	연꽃 **연**	꽃 **화**	글 **경**	
寶	藏	菩	薩	略	纂	偈	보장보살약찬게
보배 **보**	감출 **장**	보리 **보**	보살 **살**	간략할 **약**	모을 **찬**	게송 **게**	
南	無	華	藏	世	界	海	화장장엄 세계바다
나무 **나**	없을 **무**	꽃 **화**	감출 **장**	세상 **세**	경계 **계**	바다 **해**	
王	舍	城	中	耆	闍	崛	왕사성 중 기사굴 산중에
임금 **왕**	집 **사**	성 **성**	가운데 **중**	늙을 **기**	사리 **사**	우뚝 솟을 **굴**	
常	住	不	滅	釋	迦	尊	상주하여 계시옵는 석가모니 부처님과
항상 **상**	살 **주**	아닐 **불**	멸할 **멸**	풀 **석**	부처이름 **가**	높을 **존**	
十	方	三	世	一	切	佛	시방삼세 일체 부처님과
열 **십(시)**	방위 **방**	석 **삼**	세상 **세**	한 **일**	온통 **체**	부처 **불**	
種	種	因	緣	方	便	道	가지가지 인연들과 방편도로써
종류 **종**	종류 **종**	인할 **인**	인연 **연**	처방 **방**	편할 **편**	길 **도**	

恒	轉	一	乘	妙	法	輪	영원토록 굴리시는 일승묘법 법륜에 귀의합니다.
항상 항	구를 전	한 일	탈 승	묘할 묘	법 법	바퀴 륜	
與	比	丘	衆	萬	二	千	청법 대중은 일만이천 비구들로서
더불어 여	견줄 비	언덕 구	무리 중	일만 만	두 이	일천 천	
漏	盡	自	在	阿	羅	漢	번뇌가 다하고 자재한 아라한들과
번뇌 누	다할 진	스스로 자	있을 재	언덕 아	그물 라	한나라 한	
阿	若	憍	陳	大	迦	葉	아야교진여와 마하가섭과
언덕 아	반야 야	교만할 교	베풀 진	큰 대	부처이름 가	땅 이름 섭	
優	樓	頻	螺	及	伽	耶	우루빈나가섭과 가야가섭과
넉넉할 우	다락 루	자주 빈	소라 나	및 급	절 가	어조사 야	
那	提	迦	葉	舍	利	弗	나제가섭과 사리불과
어찌 나	끌 제	부처이름 가	땅 이름 섭	집 사	이로울 리	아닐 불	
大	目	犍	連	迦	旃	延	대목건련과 가전연과
큰 대	눈 목	불친소 건	잇닿을 련	부처이름 가	기 전	늘일 연	
阿	㝹	樓	馱	劫	賓	那	아누루타와 겁빈나와
언덕 아	토끼새끼 누	다락 루	실을 타	겁 겁	손 빈	어찌 나	
憍	梵	波	提	離	婆	多	교범바제와 이바다와
교만할 교	하늘 범	물결 파(바)	끌 제	떠날 이	할미 파(바)	많을 다	

畢	陵	伽	婆	薄	拘	羅		필릉가바차와 박구라와
마칠 필	언덕 릉	절 가	할미 파(바)	엷을 박	잡을 구	그물 라		
摩	訶	俱	絺	羅	難	陀		마하구치라와 난타와
갈 마	꾸짖을 하	함께 구	칡베 치	그물 라	어려울 난	비탈질 타		
孫	陀	羅	與	富	樓	那		손타라와 부루나와
손자 손	비탈질 타	그물 라	더불어 여	부유할 부	다락 루	어찌 나		
須	菩	提	者	與	阿	難		수보리와 아난다와
모름지기 수	보리 보	끌 제(리)	사람 자	더불어 여	언덕 아	어려울 난		
羅	睺	羅	等	大	比	丘		라후라 등 큰 비구스님들과
그물 라	애꾸눈 후	그물 라	무리 등	큰 대	견줄 비	언덕 구		
摩	訶	波	闍	波	提	及		마하파사파제와
갈 마	꾸짖을 하	물결 파	사리 사	물결 파	끌 제	및 급		
羅	睺	羅	母	耶	輸	陀		라후라의 모친으로 야수다라와
그물 라	애꾸눈 후	그물 라	어머니 모	어조사 야	보낼 수	비탈질 타(다)		
比	丘	尼	等	二	千	人		비구니들 이천 권속과
견줄 비	언덕 구	여승 니	무리 등	두 이	일천 천	사람 인		
摩	訶	薩	衆	八	萬	人		보살마하살 대중 팔만인으로
갈 마	꾸짖을 하	보살 살	무리 중	여덟 팔	일만 만	사람 인		

文	殊	師	利	觀	世	音	문수사리보살과 관세음보살과
글월 **문**	다를 **수**	스승 **사**	이로울 **리**	볼 **관**	세상 **세**	소리 **음**	
得	大	勢	與	常	精	進	득대세보살과 상정진보살과
얻을 **득**	큰 **대**	형세 **세**	더불어 **여**	항상 **상**	정할 **정**	나아갈 **진**	
不	休	息	及	寶	掌	士	불휴식보살과 보장보살과
아닐 **불**	쉴 **휴**	쉴 **식**	및 **급**	보배 **보**	손바닥 **장**	선비 **사**	
藥	王	勇	施	及	寶	月	약왕보살과 용시보살과 보월보살과
약 **약**	임금 **왕**	날랠 **용**	베풀 **시**	및 **급**	보배 **보**	달 **월**	
月	光	滿	月	大	力	人	월광보살과 만월보살과 대력보살과
달 **월**	빛 **광**	찰 **만**	달 **월**	큰 **대**	힘 **력**	사람 **인**	
無	量	力	與	越	三	界	무량력보살과 월삼계보살과
없을 **무**	헤아릴 **량**	힘 **력**	더불어 **여**	넘을 **월**	석 **삼**	경계 **계**	
跋	陀	婆	羅	彌	勒	尊	발타바라보살과 미륵보살과
밟을 **발**	비탈질 **타**	할미 **파(바)**	그물 **라**	두루 **미**	굴레 **륵**	높을 **존**	
寶	積	導	師	諸	菩	薩	보적보살과 도사보살 등 여러 보살과
보배 **보**	쌓을 **적**	인도할 **도**	스승 **사**	모두 **제**	보리 **보**	보살 **살**	
釋	提	桓	因	月	天	子	석제환인과 명월천자와
풀 **석**	끌 **제**	굳셀 **환**	인할 **인**	달 **월**	하늘 **천**	아들 **자**	

普	香	寶	光	四	天	王		보향천자와 보광천자 등 사대천왕과
넓을 **보**	향기 **향**	보배 **보**	빛 **광**	넉 **사**	하늘 **천**	임금 **왕**		
自	在	天	子	大	自	在		자재천자와 대자재천자와
스스로 **자**	있을 **재**	하늘 **천**	아들 **자**	큰 **대**	스스로 **자**	있을 **재**		
娑	婆	界	主	梵	天	王		사바세계 주인이신 범천왕과
춤출 **사**	할미 **파(바)**	경계 **계**	주인 **주**	하늘 **범**	하늘 **천**	임금 **왕**		
尸	棄	大	梵	光	明	梵		시기대범천왕과 광명대범천왕과
주검 **시**	버릴 **기**	큰 **대**	하늘 **범**	빛 **광**	밝을 **명**	하늘 **범**		
難	陀	龍	王	跋	難	陀		난타용왕과 발난타용왕과
어려울 **난**	비탈질 **타**	용 **용**	임금 **왕**	밟을 **발**	어려울 **난**	비탈질 **타**		
娑	伽	羅	王	和	修	吉		사가라용왕과 화수길용왕과
춤출 **사**	절 **가**	그물 **라**	임금 **왕**	화할 **화**	닦을 **수**	길할 **길**		
德	叉	阿	那	婆	達	多		덕차가용왕과 아나바달다용왕과
덕 **덕**	갈래 **차**	언덕 **아**	어찌 **나**	할미 **파(바)**	통달할 **달**	많을 **다**		
摩	那	斯	龍	優	鉢	羅		마나사용왕과 우발라용왕과
갈 **마**	어찌 **나**	이 **사**	용 **용**	넉넉할 **우**	바리때 **발**	그물 **라**		
法	緊	那	羅	妙	法	王		법긴나라왕과 묘법긴나라왕과
법 **법**	긴할 **긴**	어찌 **나**	그물 **라**	묘할 **묘**	법 **법**	임금 **왕**		

大	法	緊	那	持	法	王		대법긴나라왕과 지법긴나라왕과
큰 대	법 법	긴할 긴	어찌 나	가질 지	법 법	임금 왕		
樂	乾	闥	婆	樂	音	王		악건달바왕과 악음건달바왕과
노래 악	하늘 건	문 달	할미 파(바)	노래 악	소리 음	임금 왕		
美	乾	闥	婆	美	音	王		미건달바왕과 미음건달바왕과
아름다울 미	하늘 건	문 달	할미 파(바)	아름다울 미	소리 음	임금 왕		
婆	雉	佉	羅	騫	馱	王		바치아수라왕과 거라건타아수라왕과
할미 파(바)	꿩 치	나라 이름 거	그물 라	이지러질 건	실을 타	임금 왕		
毘	摩	質	多	羅	修	羅		비마질다라아수라왕과
도울 비	갈 마	바탕 질	많을 다	그물 라	닦을 수	그물 라		
羅	睺	阿	修	羅	王	等		라후아수라왕 등과
그물 라	애꾸눈 후	언덕 아	닦을 수	그물 라	임금 왕	무리 등		
大	德	迦	樓	大	身	王		대위덕가루라왕과 대신가루라왕과
큰 대	덕 덕	부처 이름 가	다락 루	큰 대	몸 신	임금 왕		
大	滿	迦	樓	如	意	王		대만가루라왕과 여의가루라왕과
큰 대	찰 만	부처이름 가	다락 루	같을 여	뜻 의	임금 왕		
韋	提	希	子	阿	闍	世		위제희의 아들 아사세왕 등
가죽 위	끌 제	바랄 희	아들 자	언덕 아	사리 사	세상 세		

各	與	若	干	百	千	人	각각 무수한 백천 대중들이 모여서
각각 **각**	더불어 **여**	같을 **약**	방패 **간**	일백 **백**	일천 **천**	사람 **인**	
佛	爲	說	經	無	量	義	석가모니 부처님이 무량의경을 설하시고
부처 **불**	할 **위**	말씀 **설**	글 **경**	없을 **무**	헤아릴 **량**	뜻 **의**	
無	量	義	處	三	昧	中	무량의처삼매 중에 드시니
없을 **무**	헤아릴 **량**	옳을 **의**	곳 **처**	석 **삼**	어두울 **매**	가운데 **중**	
天	雨	四	華	地	六	震	하늘에서는 네 가지 꽃이 비 내리고 땅에서는 여섯 가지로 진동하고
하늘 **천**	비 **우**	넉 **사**	꽃 **화**	땅 **지**	여섯 **육**	우레 **진**	
四	衆	八	部	人	非	人	사부대중과 천룡팔부와 사람인 듯 사람 아닌 듯한 이들과
넉 **사**	무리 **중**	여덟 **팔**	거느릴 **부**	사람 **인**	아닐 **비**	사람 **인**	
及	諸	小	王	轉	輪	王	작은 나라 왕들과 전륜왕과
및 **급**	모두 **제**	작을 **소**	임금 **왕**	구를 **전**	바퀴 **륜**	임금 **왕**	
諸	大	衆	得	未	曾	有	모든 대중들이 미증유를 얻어서
모두 **제**	큰 **대**	무리 **중**	얻을 **득**	아닐 **미**	일찍 **증**	있을 **유**	
歡	喜	合	掌	心	觀	佛	환희하여 합장하고 부처님을 바라보네.
기쁠 **환**	기쁠 **희**	합할 **합**	손바닥 **장**	마음 **심**	볼 **관**	부처 **불**	
佛	放	眉	間	白	毫	光	부처님이 미간백호에서 광명을 놓아
부처 **불**	놓을 **방**	눈썹 **미**	사이 **간**	흰 **백**	터럭 **호**	빛 **광**	

光	照	東	方	萬	八	千	동방으로 일만팔천 세계를 비추시니
빛 **광**	비칠 **조**	동녘 **동**	방위 **방**	일만 **만**	여덟 **팔**	일천 **천**	
下	至	阿	鼻	上	阿	迦	아래로는 아비지옥과 위로는 아가니타천까지
아래 **하**	이를 **지**	언덕 **아**	코 **비**	위 **상**	언덕 **아**	부처이름 **가**	
衆	生	諸	佛	及	菩	薩	중생들과 부처님과 보살들까지라
무리 **중**	날 **생**	모두 **제**	부처 **불**	및 **급**	보리 **보**	보살 **살**	
種	種	修	行	佛	說	法	갖가지로 수행하고 설법하고
종류 **종**	종류 **종**	닦을 **수**	행할 **행**	부처 **불**	말씀 **설**	법 **법**	
涅	槃	起	塔	此	悉	見	열반하고 탑 세우는 모든 사실들을 보았어라.
개흙 **열**	쟁반 **반**	일어날 **기**	탑 **탑**	이 **차**	다 **실**	볼 **견**	
大	衆	疑	念	彌	勒	問	대중들이 의심하여 미륵보살이 질문하니
큰 **대**	무리 **중**	의심할 **의**	생각 **념**	두루 **미**	굴레 **륵**	물을 **문**	
文	殊	師	利	爲	決	疑	문수사리보살이 의심을 풀어 대답하되
글월 **문**	다를 **수**	스승 **사**	이로울 **리**	위할 **위**	끊을 **결**	의심할 **의**	
我	於	過	去	見	此	瑞	내가 과거 무량겁에 이런 상서 보았는데
나 **아**	어조사 **어**	지날 **과**	갈 **거**	볼 **견**	이 **차**	상서 **서**	
卽	說	妙	法	汝	當	知	묘한 법을 설했나니 그대들은 마땅히 알라.
곧 **즉**	말씀 **설**	묘할 **묘**	법 **법**	너 **여**	마땅 **당**	알 **지**	

時	有	日	月	燈	明	佛	그 당시에 일월등명 부처님이 계시어서
때 **시**	있을 **유**	해 **일**	달 **월**	등불 **등**	밝을 **명**	부처 **불**	
爲	說	正	法	初	中	後	바른 법을 설하시매 처음 중간 마지막이
할 **위**	말씀 **설**	바를 **정**	법 **법**	처음 **초**	가운데 **중**	뒤 **후**	
純	一	無	雜	梵	行	相	순일하여 잡됨 없고 깨끗한 행 갖췄으니
순수할 **순**	한 **일**	없을 **무**	섞일 **잡**	하늘 **범**	행할 **행**	모양 **상**	
說	應	諦	緣	六	度	法	사제와 십이인연과 육바라밀 설하시어
말씀 **설**	응당 **응**	진리 **제**	인연 **연**	여섯 **육**	법도 **도**	법 **법**	
令	得	阿	耨	菩	提	智	아뇩보리 일체종지 모두 얻게 하시나니
하여금 **영**	얻을 **득**	언덕 **아**	김맬 **누(뇩)**	보리 **보**	끌 **제(리)**	슬기 **지**	
如	是	二	萬	皆	同	名	이와 같은 이만 명의 일월등명 부처님
같을 **여**	이 **시**	두 **이**	일만 **만**	다 **개**	한가지 **동**	이름 **명**	
最	後	八	子	爲	法	師	마지막 여덟 왕자 모두 법사 되었으니
가장 **최**	뒤 **후**	여덟 **팔**	아들 **자**	될 **위**	법 **법**	스승 **사**	
是	時	六	瑞	皆	如	是	그때에도 여섯 상서 모두 그와 같았어라.
이 **시**	때 **시**	여섯 **육**	상서 **서**	다 **개**	같을 **여**	이 **시**	
妙	光	菩	薩	求	名	尊	묘광보살과 구명보살이
묘할 **묘**	빛 **광**	보리 **보**	보살 **살**	구할 **구**	이름 **명**	높을 **존**	

文	殊	彌	勒	豈	異	人		문수보살과 미륵보살이더라.
글월 **문**	다를 **수**	두루 **미**	굴레 **륵**	어찌 **기**	다를 **이**	사람 **인**		
德	藏	堅	滿	大	樂	說		덕장보살 견만보살 대요설보살이며
덕 **덕**	감출 **장**	굳을 **견**	찰 **만**	큰 **대**	좋아할 **요**	말씀 **설**		
智	積	上	行	無	邊	行		지적보살 상행보살 무변행보살이라
슬기 **지**	쌓을 **적**	위 **상**	행할 **행**	없을 **무**	가 **변**	행할 **행**		
淨	行	菩	薩	安	立	行		정행보살과 안립행보살과
깨끗할 **정**	행할 **행**	보리 **보**	보살 **살**	편안 **안**	설 **립**	행할 **행**		
常	不	輕	士	宿	王	華		상불경보살과 수왕화보살이며
항상 **상**	아닐 **불**	가벼울 **경**	선비 **사**	별자리 **수**	임금 **왕**	꽃 **화**		
一	切	衆	生	喜	見	人		일체중생희견보살과
한 **일**	온통 **체**	무리 **중**	날 **생**	기쁠 **희**	볼 **견**	사람 **인**		
妙	音	菩	薩	上	行	意		묘음보살과 상행의보살과
묘할 **묘**	소리 **음**	보리 **보**	보살 **살**	위 **상**	행할 **행**	뜻 **의**		
莊	嚴	王	及	華	德	士		장엄왕보살과 화덕보살과
꾸밀 **장**	엄할 **엄**	임금 **왕**	및 **급**	꽃 **화**	덕 **덕**	선비 **사**		
無	盡	意	與	持	地	人		무진의보살과 지지보살과
없을 **무**	다할 **진**	뜻 **의**	더불어 **여**	가질 **지**	땅 **지**	사람 **인**		

光	照	莊	嚴	藥	王	尊		광조장엄상보살과 약왕보살과
빛 **광**	비칠 **조**	꾸밀 **장**	엄할 **엄**	약 **약**	임금 **왕**	높을 **존**		
藥	上	菩	薩	普	賢	尊		약상보살과 보현보살은
약 **약**	위 **상**	보리 **보**	보살 **살**	넓을 **보**	어질 **현**	높을 **존**		
常	隨	三	世	十	方	佛		시방삼세 부처님을 항상 함께 따르나니
항상 **상**	따를 **수**	석 **삼**	세상 **세**	열 **십(시)**	방위 **방**	부처 **불**		
日	月	燈	明	燃	燈	佛		일월등명부처님 연등부처님
해 **일**	달 **월**	등불 **등**	밝을 **명**	탈 **연**	등불 **등**	부처 **불**		
大	通	智	勝	如	來	佛		대통지승여래부처님과
큰 **대**	통할 **통**	슬기 **지**	수승할 **승**	같을 **여**	올 **래**	부처 **불**		
阿	閦	佛	及	須	彌	頂		아촉부처님과 수미정부처님과
언덕 **아**	무리 **축(촉)**	부처 **불**	및 **급**	모름지기 **수**	두루 **미**	정수리 **정**		
獅	子	音	佛	獅	子	相		사자음부처님과 사자상부처님과
사자 **사**	아들 **자**	소리 **음**	부처 **불**	사자 **사**	아들 **자**	모양 **상**		
虛	空	住	佛	常	滅	佛		허공주부처님과 상멸부처님과
빌 **허**	빌 **공**	살 **주**	부처 **불**	항상 **상**	꺼질 **멸**	부처 **불**		
帝	相	佛	與	梵	相	佛		제상부처님과 범상부처님과
임금 **제**	모양 **상**	부처 **불**	더불어 **여**	하늘 **범**	모양 **상**	부처 **불**		

阿	彌	陀	佛	度	苦	惱	아미타부처님과 도고뇌부처님과
언덕 **아**	두루 **미**	비탈질 **타**	부처 **불**	법도 **도**	괴로울 **고**	번뇌할 **뇌**	
多	摩	羅	佛	須	彌	相	다마라부처님과 수미상부처님과
많을 **다**	갈 **마**	그물 **라**	부처 **불**	모름지기 **수**	두루 **미**	모양 **상**	
雲	自	在	佛	自	在	王	운자재부처님과 자재왕부처님과
구름 **운**	스스로 **자**	있을 **재**	부처 **불**	스스로 **자**	있을 **재**	임금 **왕**	
壞	怖	畏	佛	多	寶	佛	괴포외부처님과 다보부처님과
무너질 **괴**	두려워할 **포**	두려워할 **외**	부처 **불**	많을 **다**	보배 **보**	부처 **불**	
威	音	王	佛	日	月	燈	위음왕부처님과 일월등명부처님과
위엄 **위**	소리 **음**	임금 **왕**	부처 **불**	해 **일**	달 **월**	등불 **등**	
雲	自	在	燈	淨	明	德	운자재등부처님과 정명덕부처님과
구름 **운**	스스로 **자**	있을 **재**	등불 **등**	깨끗할 **정**	밝을 **명**	덕 **덕**	
淨	華	宿	王	雲	雷	音	정화수왕부처님과 운뢰음왕부처님과
깨끗할 **정**	꽃 **화**	별자리 **수**	임금 **왕**	구름 **운**	우레 **뢰**	소리 **음**	
雲	雷	音	宿	王	華	智	운뢰음수왕화지부처님과
구름 **운**	우레 **뢰**	소리 **음**	별자리 **수**	임금 **왕**	꽃 **화**	슬기 **지**	
寶	威	德	上	王	如	來	보위덕상왕여래 등
보배 **보**	위엄 **위**	덕 **덕**	위 **상**	임금 **왕**	같을 **여**	올 **래**	

如	是	諸	佛	諸	菩	薩	이와 같은 모든 부처님과 모든 보살들이
같을 **여**	이 **시**	모두 **제**	부처 **불**	모두 **제**	보리 **보**	보살 **살**	
已	今	當	來	說	妙	法	과거와 현재와 미래에 묘법을 설하시니
이미 **이**	이제 **금**	당할 **당**	올 **래**	말씀 **설**	묘할 **묘**	법 **법**	
於	此	法	會	與	十	方	이 법회와 시방세계 대중들이
어조사 **어**	이 **차**	법 **법**	모일 **회**	더불어 **여**	열 **십(시)**	방위 **방**	
常	隨	釋	迦	牟	尼	佛	석가모니 부처님을 항상 따라 배우고자
항상 **상**	따를 **수**	풀 **석**	부처이름 **가**	소우는소리 **모**	여승 **니**	부처 **불**	
雲	集	相	從	法	會	中	운집하여 서로 따라 법회 중에 함께하여
구름 **운**	모을 **집**	서로 **상**	좇을 **종**	법 **법**	모일 **회**	가운데 **중**	
漸	頓	身	子	龍	女	等	점법과 돈법으로 사리불과 용녀로다.
점점 **점**	조아릴 **돈**	몸 **신**	아들 **자**	용 **용**	여자 **녀**	무리 **등**	
一	雨	等	澍	諸	樹	草	같은 비가 모든 수초에 동등하게 내리듯이
한 **일**	비 **우**	같을 **등**	단비 **주**	모두 **제**	나무 **수**	풀 **초**	
序	品	方	便	譬	喩	品	서품과 방편품과 비유품이며
차례 **서**	가지 **품**	처방 **방**	편할 **편**	비유할 **비**	비유할 **유**	가지 **품**	
信	解	藥	草	授	記	品	신해품과 약초유품과 수기품과
믿을 **신**	풀 **해**	약 **약**	풀 **초**	줄 **수**	기록할 **기**	가지 **품**	

化	城	喩	品	五	百	第	화성유품과 오백제자수기품과
될 화	성 성	비유할 유	가지 품	다섯 오	일백 백	차례 제	
授	學	無	學	人	記	品	수학무학인기품과
줄 수	배울 학	없을 무	배울 학	사람 인	기록할 기	가지 품	
法	師	品	與	見	寶	塔	법사품과 견보탑품과
법 법	스승 사	가지 품	더불어 여	볼 견	보배 보	탑 탑	
提	婆	達	多	與	持	品	제바달다품과 권지품과
끌 제	할미 파(바)	통달할 달	많을 다	더불어 여	가질 지	가지 품	
安	樂	行	品	從	地	踊	안락행품과 종지용출품과
편안할 안	즐길 락	행할 행	가지 품	좇을 종	땅 지	뛸 용	
如	來	壽	量	分	別	功	여래수량품과 분별공덕품과
같을 여	올 래	목숨 수	헤아릴 량	나눌 분	나눌 별	공 공	
隨	喜	功	德	法	師	功	수희공덕품과 법사공덕품과
따를 수	기쁠 희	공 공	덕 덕	법 법	스승 사	공 공	
常	不	輕	品	神	力	品	상불경보살품과 여래신력품과
항상 상	아닐 불	가벼울 경	가지 품	신통할 신	힘 력	가지 품	
囑	累	藥	王	本	事	品	촉루품과 약왕보살본사품과
부탁할 촉	여러 루	약 약	임금 왕	근본 본	일 사	가지 품	

妙	音	觀	音	普	門	品		묘음보살품과 관세음보살보문품과
묘할 **묘**	소리 **음**	볼 **관**	소리 **음**	넓을 **보**	문 **문**	가지 **품**		
陀	羅	尼	品	妙	莊	嚴		다라니품과 묘장엄왕본사품과
비탈질 **타(다)**	그물 **라**	여승 **니**	가지 **품**	묘할 **묘**	꾸밀 **장**	엄할 **엄**		
普	賢	菩	薩	勸	發	品		보현보살권발품까지
넓을 **보**	어질 **현**	보리 **보**	보살 **살**	권할 **권**	필 **발**	가지 **품**		
二	十	八	品	圓	滿	教		이십팔품으로써 원만한 교설이더라.
두 **이**	열 **십**	여덟 **팔**	가지 **품**	둥글 **원**	찰 **만**	가르칠 **교**		
是	爲	一	乘	妙	法	門		이것이 곧 일승묘법의 법문으로
이 **시**	될 **위**	한 **일**	탈 **승**	묘할 **묘**	법 **법**	문 **문**		
支	品	別	偈	皆	具	足		가지가 되는 품과 게송들이 모두 다 구족하니
가를 **지**	가지 **품**	나눌 **별**	게송 **게**	다 **개**	갖출 **구**	족할 **족**		
讀	誦	受	持	信	解	人		독송하고 수지하고 신해하는 사람들은
읽을 **독**	외울 **송**	받을 **수**	가질 **지**	믿을 **신**	풀 **해**	사람 **인**		
從	佛	口	生	佛	衣	覆		부처님 말씀 듣고 출생하니 부처님이 옷으로 덮어 주며
좇을 **종**	부처 **불**	입 **구**	날 **생**	부처 **불**	옷 **의**	덮을 **부**		
普	賢	菩	薩	來	守	護		보현보살 다가와서 그를 수호하여 주고
넓을 **보**	어질 **현**	보리 **보**	보살 **살**	올 **내**	지킬 **수**	도울 **호**		

魔	鬼	諸	惱	皆	消	除	마귀들의 괴롭힘은 한결같이 사라지고
마귀 **마**	귀신 **귀**	모두 **제**	번뇌할 **뇌**	다 **개**	사라질 **소**	덜 **제**	
不	貪	世	間	心	意	直	세간사에 탐착 않고 마음과 뜻 올곧으며
아닐 **불**	탐할 **탐**	세상 **세**	사이 **간**	마음 **심**	뜻 **의**	곧을 **직**	
有	正	億	念	有	福	德	올바르게 기억하면 그 복덕이 한량없고
있을 **유**	바를 **정**	억 **억**	생각 **념**	있을 **유**	복 **복**	덕 **덕**	
忘	失	句	偈	令	通	利	잊고 있던 구절 게송 생생하게 떠오르고
잊을 **망**	잃을 **실**	글귀 **구**	게송 **게**	하여금 **영**	통할 **통**	날카로울 **리**	
不	久	當	詣	道	場	中	머지않아 법화회상 도량 중에 나아가서
아닐 **불**	오랠 **구**	당할 **당**	이를 **예**	길 **도**	마당 **장(량)**	가운데 **중**	
得	大	菩	提	轉	法	輪	큰 깨달음을 얻게 되고 묘법륜을 굴리나니
얻을 **득**	큰 **대**	보리 **보**	끌 **제(리)**	구를 **전**	법 **법**	바퀴 **륜**	
是	故	見	者	如	敬	佛	그러므로 만나는 이는 부처님과 같이 공경하네.
이 **시**	연고 **고**	볼 **견**	사람 **자**	같을 **여**	공경 **경**	부처 **불**	
南	無	妙	法	蓮	華	經	나무묘법연화경
나무 **나**	없을 **무**	묘할 **묘**	법 **법**	연꽃 **연**	꽃 **화**	글 **경**	
靈	山	會	上	佛	菩	薩	영산회상불보살
신령 **영**	뫼 **산**	모일 **회**	위 **상**	부처 **불**	보리 **보**	보살 **살**	

一	乘	妙	法	蓮	華	經		일승묘법연화경
한 **일**	탈 **승**	묘할 **묘**	법 **법**	연꽃 **연**	꽃 **화**	글 **경**		
寶	藏	菩	薩	略	纂	偈		보장보살약찬게.
보배 **보**	감출 **장**	보리 **보**	보살 **살**	간략할 **약**	모을 **찬**	게송 **게**		

〈사경 1회〉

法	華	經	略	纂	偈
법 **법**	꽃 **화**	글 **경**	간략할 **약**	모을 **찬**	게송 **게**

一	乘	妙	法	蓮	華	經	일승묘법연화경
한 **일**	탈 **승**	묘할 **묘**	법 **법**	연꽃 **연**	꽃 **화**	글 **경**	
寶	藏	菩	薩	略	纂	偈	보장보살약찬게
보배 **보**	감출 **장**	보리 **보**	보살 **살**	간략할 **약**	모을 **찬**	게송 **게**	
南	無	華	藏	世	界	海	화장장엄 세계바다
나무 **나**	없을 **무**	꽃 **화**	감출 **장**	세상 **세**	경계 **계**	바다 **해**	
王	舍	城	中	耆	闍	崛	왕사성 중 기사굴 산중에
임금 **왕**	집 **사**	성 **성**	가운데 **중**	늙을 **기**	사리 **사**	우뚝 솟을 **굴**	
常	住	不	滅	釋	迦	尊	상주하여 계시옵는 석가모니 부처님과
항상 **상**	살 **주**	아닐 **불**	멸할 **멸**	풀 **석**	부처 이름 **가**	높을 **존**	
十	方	三	世	一	切	佛	시방삼세 일체 부처님과
열 **십(시)**	방위 **방**	석 **삼**	세상 **세**	한 **일**	온통 **체**	부처 **불**	
種	種	因	緣	方	便	道	가지가지 인연들과 방편도로써
종류 **종**	종류 **종**	인할 **인**	인연 **연**	처방 **방**	편할 **편**	길 **도**	

恒	轉	一	乘	妙	法	輪	영원토록 굴리시는 일승묘법 법륜에 귀의합니다.
항상 **항**	구를 **전**	한 **일**	탈 **승**	묘할 **묘**	법 **법**	바퀴 **륜**	
與	比	丘	衆	萬	二	千	청법 대중은 일만이천 비구들로서
더불어 **여**	견줄 **비**	언덕 **구**	무리 **중**	일만 **만**	두 **이**	일천 **천**	
漏	盡	自	在	阿	羅	漢	번뇌가 다하고 자재한 아라한들과
번뇌 **누**	다할 **진**	스스로 **자**	있을 **재**	언덕 **아**	그물 **라**	한나라 **한**	
阿	若	憍	陳	大	迦	葉	아야교진여와 마하가섭과
언덕 **아**	반야 **야**	교만할 **교**	베풀 **진**	큰 **대**	부처이름 **가**	땅 이름 **섭**	
優	樓	頻	螺	及	伽	耶	우루빈나가섭과 가야가섭과
넉넉할 **우**	다락 **루**	자주 **빈**	소라 **나**	및 **급**	절 **가**	어조사 **야**	
那	提	迦	葉	舍	利	弗	나제가섭과 사리불과
어찌 **나**	끌 **제**	부처이름 **가**	땅 이름 **섭**	집 **사**	이로울 **리**	아닐 **불**	
大	目	犍	連	迦	旃	延	대목건련과 가전연과
큰 **대**	눈 **목**	불친소 **건**	잇닿을 **련**	부처이름 **가**	기 **전**	늘일 **연**	
阿	㝹	樓	馱	劫	賓	那	아누루타와 겁빈나와
언덕 **아**	토끼새끼 **누**	다락 **루**	실을 **타**	겁 **겁**	손 **빈**	어찌 **나**	
憍	梵	波	提	離	婆	多	교범바제와 이바다와
교만할 **교**	하늘 **범**	물결 **파(바)**	끌 **제**	떠날 **이**	할미 **파(바)**	많을 **다**	

畢	陵	伽	婆	薄	拘	羅	필릉가바차와 박구라와
마칠 **필**	언덕 **릉**	절 **가**	할미 **파(바)**	엷을 **박**	잡을 **구**	그물 **라**	
摩	訶	俱	絺	羅	難	陀	마하구치라와 난타와
갈 **마**	꾸짖을 **하**	함께 **구**	칡베 **치**	그물 **라**	어려울 **난**	비탈질 **타**	
孫	陀	羅	與	富	樓	那	손타라와 부루나와
손자 **손**	비탈질 **타**	그물 **라**	더불어 **여**	부유할 **부**	다락 **루**	어찌 **나**	
須	菩	提	者	與	阿	難	수보리와 아난다와
모름지기 **수**	보리 **보**	끌 **제(리)**	사람 **자**	더불어 **여**	언덕 **아**	어려울 **난**	
羅	睺	羅	等	大	比	丘	라후라 등 큰 비구스님들과
그물 **라**	애꾸눈 **후**	그물 **라**	무리 **등**	큰 **대**	견줄 **비**	언덕 **구**	
摩	訶	波	闍	波	提	及	마하파사파제와
갈 **마**	꾸짖을 **하**	물결 **파**	사리 **사**	물결 **파**	끌 **제**	및 **급**	
羅	睺	羅	母	耶	輸	陀	라후라의 모친으로 야수다라와
그물 **라**	애꾸눈 **후**	그물 **라**	어머니 **모**	어조사 **야**	보낼 **수**	비탈질 **태(다)**	
比	丘	尼	等	二	千	人	비구니들 이천 권속과
견줄 **비**	언덕 **구**	여승 **니**	무리 **등**	두 **이**	일천 **천**	사람 **인**	
摩	訶	薩	衆	八	萬	人	보살마하살 대중 팔만인으로
갈 **마**	꾸짖을 **하**	보살 **살**	무리 **중**	여덟 **팔**	일만 **만**	사람 **인**	

文	殊	師	利	觀	世	音	문수사리보살과 관세음보살과
글월 **문**	다를 **수**	스승 **사**	이로울 **리**	볼 **관**	세상 **세**	소리 **음**	
得	大	勢	與	常	精	進	득대세보살과 상정진보살과
얻을 **득**	큰 **대**	형세 **세**	더불어 **여**	항상 **상**	정할 **정**	나아갈 **진**	
不	休	息	及	寶	掌	士	불휴식보살과 보장보살과
아닐 **불**	쉴 **휴**	쉴 **식**	및 **급**	보배 **보**	손바닥 **장**	선비 **사**	
藥	王	勇	施	及	寶	月	약왕보살과 용시보살과 보월보살과
약 **약**	임금 **왕**	날랠 **용**	베풀 **시**	및 **급**	보배 **보**	달 **월**	
月	光	滿	月	大	力	人	월광보살과 만월보살과 대력보살과
달 **월**	빛 **광**	찰 **만**	달 **월**	큰 **대**	힘 **력**	사람 **인**	
無	量	力	與	越	三	界	무량력보살과 월삼계보살과
없을 **무**	헤아릴 **량**	힘 **력**	더불어 **여**	넘을 **월**	석 **삼**	경계 **계**	
跋	陀	婆	羅	彌	勒	尊	발타바라보살과 미륵보살과
밟을 **발**	비탈질 **타**	할미 **파(바)**	그물 **라**	두루 **미**	굴레 **륵**	높을 **존**	
寶	積	導	師	諸	菩	薩	보적보살과 도사보살 등 여러 보살과
보배 **보**	쌓을 **적**	인도할 **도**	스승 **사**	모두 **제**	보리 **보**	보살 **살**	
釋	提	桓	因	月	天	子	석제환인과 명월천자와
풀 **석**	끌 **제**	굳셀 **환**	인할 **인**	달 **월**	하늘 **천**	아들 **자**	

普	香	寶	光	四	天	王		보향천자와 보광천자 등 사대천왕과
넓을 **보**	향기 **향**	보배 **보**	빛 **광**	넉 **사**	하늘 **천**	임금 **왕**		
自	在	天	子	大	自	在		자재천자와 대자재천자와
스스로 **자**	있을 **재**	하늘 **천**	아들 **자**	큰 **대**	스스로 **자**	있을 **재**		
娑	婆	界	主	梵	天	王		사바세계 주인이신 범천왕과
춤출 **사**	할미 **파(바)**	경계 **계**	주인 **주**	하늘 **범**	하늘 **천**	임금 **왕**		
尸	棄	大	梵	光	明	梵		시기대범천왕과 광명대범천왕과
주검 **시**	버릴 **기**	큰 **대**	하늘 **범**	빛 **광**	밝을 **명**	하늘 **범**		
難	陀	龍	王	跋	難	陀		난타용왕과 발난타용왕과
어려울 **난**	비탈질 **타**	용 **용**	임금 **왕**	밟을 **발**	어려울 **난**	비탈질 **타**		
娑	伽	羅	王	和	修	吉		사가라용왕과 화수길용왕과
춤출 **사**	절 **가**	그물 **라**	임금 **왕**	화할 **화**	닦을 **수**	길할 **길**		
德	叉	阿	那	婆	達	多		덕차가용왕과 아나바달다용왕과
덕 **덕**	갈래 **차**	언덕 **아**	어찌 **나**	할미 **파(바)**	통달할 **달**	많을 **다**		
摩	那	斯	龍	優	鉢	羅		마나사용왕과 우발라용왕과
갈 **마**	어찌 **나**	이 **사**	용 **용**	넉넉할 **우**	바리때 **발**	그물 **라**		
法	緊	那	羅	妙	法	王		법긴나라왕과 묘법긴나라왕과
법 **법**	긴할 **긴**	어찌 **나**	그물 **라**	묘할 **묘**	법 **법**	임금 **왕**		

大	法	緊	那	持	法	王	대법긴나라왕과 지법긴나라왕과
큰 대	법 법	긴할 긴	어찌 나	가질 지	법 법	임금 왕	
樂	乾	闥	婆	樂	音	王	악건달바왕과 악음건달바왕과
노래 악	하늘 건	문 달	할미 파(바)	노래 악	소리 음	임금 왕	
美	乾	闥	婆	美	音	王	미건달바왕과 미음건달바왕과
아름다울 미	하늘 건	문 달	할미 파(바)	아름다울 미	소리 음	임금 왕	
婆	稚	佉	羅	騫	馱	王	바치아수라왕과 거라건타아수라왕과
할미 파(바)	꿩 치	나라 이름 거	그물 라	이지러질 건	실을 타	임금 왕	
毘	摩	質	多	羅	修	羅	비마질다라아수라왕과
도울 비	갈 마	바탕 질	많을 다	그물 라	닦을 수	그물 라	
羅	睺	阿	修	羅	王	等	라후아수라왕 등과
그물 라	애꾸눈 후	언덕 아	닦을 수	그물 라	임금 왕	무리 등	
大	德	迦	樓	大	身	王	대위덕가루라왕과 대신가루라왕과
큰 대	덕 덕	부처 이름 가	다락 루	큰 대	몸 신	임금 왕	
大	滿	迦	樓	如	意	王	대만가루라왕과 여의가루라왕과
큰 대	찰 만	부처이름 가	다락 루	같을 여	뜻 의	임금 왕	
韋	提	希	子	阿	闍	世	위제희의 아들 아사세왕 등
가죽 위	끌 제	바랄 희	아들 자	언덕 아	사리 사	세상 세	

各	與	若	干	百	千	人	각각 무수한 백천 대중들이 모여서
각각 각	더불어 여	같을 약	방패 간	일백 백	일천 천	사람 인	
佛	爲	說	經	無	量	義	석가모니 부처님이 무량의경을 설하시고
부처 불	할 위	말씀 설	글 경	없을 무	헤아릴 량	뜻 의	
無	量	義	處	三	昧	中	무량의처삼매 중에 드시니
없을 무	헤아릴 량	옳을 의	곳 처	석 삼	어두울 매	가운데 중	
天	雨	四	華	地	六	震	하늘에서는 네가지 꽃이 비내리고 땅에서는 여섯 가지로 진동하고
하늘 천	비 우	넉 사	꽃 화	땅 지	여섯 육	우레 진	
四	衆	八	部	人	非	人	사부대중과 천룡팔부와 사람인 듯 사람 아닌 듯한 이들과
넉 사	무리 중	여덟 팔	거느릴 부	사람 인	아닐 비	사람 인	
及	諸	小	王	轉	輪	王	작은 나라 왕들과 전륜왕과
및 급	모두 제	작을 소	임금 왕	구를 전	바퀴 륜	임금 왕	
諸	大	衆	得	未	曾	有	모든 대중들이 미증유를 얻어서
모두 제	큰 대	무리 중	얻을 득	아닐 미	일찍 증	있을 유	
歡	喜	合	掌	心	觀	佛	환희하여 합장하고 부처님을 바라보네.
기쁠 환	기쁠 희	합할 합	손바닥 장	마음 심	볼 관	부처 불	
佛	放	眉	間	白	毫	光	부처님이 미간백호에서 광명을 놓아
부처 불	놓을 방	눈썹 미	사이 간	흰 백	터럭 호	빛 광	

光	照	東	方	萬	八	千	동방으로 일만팔천 세계를 비추시니
빛 광	비칠 조	동녘 동	방위 방	일만 만	여덟 팔	일천 천	
下	至	阿	鼻	上	阿	迦	아래로는 아비지옥과 위로는 아가니타천까지
아래 하	이를 지	언덕 아	코 비	위 상	언덕 아	부처 이름 가	
衆	生	諸	佛	及	菩	薩	중생들과 부처님과 보살들까지라
무리 중	날 생	모두 제	부처 불	및 급	보리 보	보살 살	
種	種	修	行	佛	說	法	갖가지로 수행하고 설법하고
종류 종	종류 종	닦을 수	행할 행	부처 불	말씀 설	법 법	
涅	槃	起	塔	此	悉	見	열반하고 탑 세우는 모든 사실들을 보았어라.
개흙 열	쟁반 반	일어날 기	탑 탑	이 차	다 실	볼 견	
大	衆	疑	念	彌	勒	問	대중들이 의심하여 미륵보살이 질문하니
큰 대	무리 중	의심할 의	생각 념	두루 미	굴레 륵	물을 문	
文	殊	師	利	爲	決	疑	문수사리보살이 의심을 풀어 대답하되
글월 문	다를 수	스승 사	이로울 리	위할 위	끊을 결	의심할 의	
我	於	過	去	見	此	瑞	내가 과거 무량겁에 이런 상서 보았는데
나 아	어조사 어	지날 과	갈 거	볼 견	이 차	상서 서	
卽	說	妙	法	汝	當	知	묘한 법을 설했나니 그대들은 마땅히 알라.
곧 즉	말씀 설	묘할 묘	법 법	너 여	마땅 당	알 지	

時	有	日	月	燈	明	佛	그 당시에 일월등명 부처님이 계시어서
때 **시**	있을 **유**	해 **일**	달 **월**	등불 **등**	밝을 **명**	부처 **불**	
爲	說	正	法	初	中	後	바른 법을 설하시매 처음 중간 마지막이
할 **위**	말씀 **설**	바를 **정**	법 **법**	처음 **초**	가운데 **중**	뒤 **후**	
純	一	無	雜	梵	行	相	순일하여 잡됨 없고 깨끗한 행 갖췄으니
순수할 **순**	한 **일**	없을 **무**	섞일 **잡**	하늘 **범**	행할 **행**	모양 **상**	
說	應	諦	緣	六	度	法	사제와 십이인연과 육바라밀 설하시어
말씀 **설**	응당 **응**	진리 **제**	인연 **연**	여섯 **육**	법도 **도**	법 **법**	
令	得	阿	耨	菩	提	智	아뇩보리 일체종지 모두 얻게 하시나니
하여금 **영**	얻을 **득**	언덕 **아**	김맬 **누(뇩)**	보리 **보**	끌 **제(리)**	슬기 **지**	
如	是	二	萬	皆	同	名	이와 같은 이만 명의 일월등명 부처님
같을 **여**	이 **시**	두 **이**	일만 **만**	다 **개**	한가지 **동**	이름 **명**	
最	後	八	子	爲	法	師	마지막 여덟 왕자 모두 법사 되었으니
가장 **최**	뒤 **후**	여덟 **팔**	아들 **자**	될 **위**	법 **법**	스승 **사**	
是	時	六	瑞	皆	如	是	그때에도 여섯 상서 모두 그와 같았어라.
이 **시**	때 **시**	여섯 **육**	상서 **서**	다 **개**	같을 **여**	이 **시**	
妙	光	菩	薩	求	名	尊	묘광보살과 구명보살이
묘할 **묘**	빛 **광**	보리 **보**	보살 **살**	구할 **구**	이름 **명**	높을 **존**	

文	殊	彌	勒	豈	異	人	문수보살과 미륵보살이더라.
글월 **문**	다를 **수**	두루 **미**	굴레 **륵**	어찌 **기**	다를 **이**	사람 **인**	
德	藏	堅	滿	大	樂	說	덕장보살 견만보살 대요설보살이며
덕 **덕**	감출 **장**	굳을 **견**	찰 **만**	큰 **대**	좋아할 **요**	말씀 **설**	
智	積	上	行	無	邊	行	지적보살 상행보살 무변행보살이라
슬기 **지**	쌓을 **적**	위 **상**	행할 **행**	없을 **무**	가 **변**	행할 **행**	
淨	行	菩	薩	安	立	行	정행보살과 안립행보살과
깨끗할 **정**	행할 **행**	보리 **보**	보살 **살**	편안 **안**	설 **립**	행할 **행**	
常	不	輕	士	宿	王	華	상불경보살과 수왕화보살이며
항상 **상**	아닐 **불**	가벼울 **경**	선비 **사**	별자리 **수**	임금 **왕**	꽃 **화**	
一	切	衆	生	喜	見	人	일체중생희견보살과
한 **일**	온통 **체**	무리 **중**	날 **생**	기쁠 **희**	볼 **견**	사람 **인**	
妙	音	菩	薩	上	行	意	묘음보살과 상행의보살과
묘할 **묘**	소리 **음**	보리 **보**	보살 **살**	위 **상**	행할 **행**	뜻 **의**	
莊	嚴	王	及	華	德	士	장엄왕보살과 화덕보살과
꾸밀 **장**	엄할 **엄**	임금 **왕**	및 **급**	꽃 **화**	덕 **덕**	선비 **사**	
無	盡	意	與	持	地	人	무진의보살과 지지보살과
없을 **무**	다할 **진**	뜻 **의**	더불어 **여**	가질 **지**	땅 **지**	사람 **인**	

光	照	莊	嚴	藥	王	尊		광조장엄상보살과 약왕보살과
빛 광	비칠 조	꾸밀 장	엄할 엄	약 약	임금 왕	높을 존		
藥	上	菩	薩	普	賢	尊		약상보살과 보현보살은
약 약	위 상	보리 보	보살 살	넓을 보	어질 현	높을 존		
常	隨	三	世	十	方	佛		시방삼세 부처님을 항상 함께 따르나니
항상 상	따를 수	석 삼	세상 세	열 십(시)	방위 방	부처 불		
日	月	燈	明	燃	燈	佛		일월등명부처님 연등부처님
해 일	달 월	등불 등	밝을 명	탈 연	등불 등	부처 불		
大	通	智	勝	如	來	佛		대통지승여래부처님과
큰 대	통할 통	슬기 지	수승할 승	같을 여	올 래	부처 불		
阿	閦	佛	及	須	彌	頂		아촉부처님과 수미정부처님과
언덕 아	무리 축(촉)	부처 불	및 급	모름지기 수	두루 미	정수리 정		
獅	子	音	佛	獅	子	相		사자음부처님과 사자상부처님과
사자 사	아들 자	소리 음	부처 불	사자 사	아들 자	모양 상		
虛	空	住	佛	常	滅	佛		허공주부처님과 상멸부처님과
빌 허	빌 공	살 주	부처 불	항상 상	꺼질 멸	부처 불		
帝	相	佛	與	梵	相	佛		제상부처님과 범상부처님과
임금 제	모양 상	부처 불	더불어 여	하늘 범	모양 상	부처 불		

阿	彌	陀	佛	度	苦	惱	아미타부처님과 도고뇌부처님과
언덕 **아**	두루 **미**	비탈질 **타**	부처 **불**	법도 **도**	괴로울 **고**	번뇌할 **뇌**	
多	摩	羅	佛	須	彌	相	다마라부처님과 수미상부처님과
많을 **다**	갈 **마**	그물 **라**	부처 **불**	모름지기 **수**	두루 **미**	모양 **상**	
雲	自	在	佛	自	在	王	운자재부처님과 자재왕부처님과
구름 **운**	스스로 **자**	있을 **재**	부처 **불**	스스로 **자**	있을 **재**	임금 **왕**	
壞	怖	畏	佛	多	寶	佛	괴포외부처님과 다보부처님과
무너질 **괴**	두려워할 **포**	두려워할 **외**	부처 **불**	많을 **다**	보배 **보**	부처 **불**	
威	音	王	佛	日	月	燈	위음왕부처님과 일월등명부처님과
위엄 **위**	소리 **음**	임금 **왕**	부처 **불**	해 **일**	달 **월**	등불 **등**	
雲	自	在	燈	淨	明	德	운자재등부처님과 정명덕부처님과
구름 **운**	스스로 **자**	있을 **재**	등불 **등**	깨끗할 **정**	밝을 **명**	덕 **덕**	
淨	華	宿	王	雲	雷	音	정화수왕부처님과 운뢰음왕부처님과
깨끗할 **정**	꽃 **화**	별자리 **수**	임금 **왕**	구름 **운**	우레 **뢰**	소리 **음**	
雲	雷	音	宿	王	華	智	운뢰음수왕화지부처님과
구름 **운**	우레 **뢰**	소리 **음**	별자리 **수**	임금 **왕**	꽃 **화**	슬기 **지**	
寶	威	德	上	王	如	來	보위덕상왕여래 등
보배 **보**	위엄 **위**	덕 **덕**	위 **상**	임금 **왕**	같을 **여**	올 **래**	

如	是	諸	佛	諸	菩	薩	이와 같은 모든 부처님과 모든 보살들이
같을 **여**	이 **시**	모두 **제**	부처 **불**	모두 **제**	보리 **보**	보살 **살**	
已	今	當	來	說	妙	法	과거와 현재와 미래에 묘법을 설하시니
이미 **이**	이제 **금**	당할 **당**	올 **래**	말씀 **설**	묘할 **묘**	법 **법**	
於	此	法	會	與	十	方	이 법회와 시방세계 대중들이
어조사 **어**	이 **차**	법 **법**	모일 **회**	더불어 **여**	열 **십(시)**	방위 **방**	
常	隨	釋	迦	牟	尼	佛	석가모니 부처님을 항상 따라 배우고자
항상 **상**	따를 **수**	풀 **석**	부처 이름 **가**	소우는소리 **모**	여승 **니**	부처 **불**	
雲	集	相	從	法	會	中	운집하여 서로 따라 법회 중에 함께하여
구름 **운**	모을 **집**	서로 **상**	좇을 **종**	법 **법**	모일 **회**	가운데 **중**	
漸	頓	身	子	龍	女	等	점법과 돈법으로 사리불과 용녀로다.
점점 **점**	조아릴 **돈**	몸 **신**	아들 **자**	용 **용**	여자 **녀**	무리 **등**	
一	雨	等	澍	諸	樹	草	같은 비가 모든 수초에 동등하게 내리듯이
한 **일**	비 **우**	같을 **등**	단비 **주**	모두 **제**	나무 **수**	풀 **초**	
序	品	方	便	譬	喩	品	서품과 방편품과 비유품이며
차례 **서**	가지 **품**	처방 **방**	편할 **편**	비유할 **비**	비유할 **유**	가지 **품**	
信	解	藥	草	授	記	品	신해품과 약초유품과 수기품과
믿을 **신**	풀 **해**	약 **약**	풀 **초**	줄 **수**	기록할 **기**	가지 **품**	

化	城	喩	品	五	百	第		화성유품과 오백제자수기품과
될 **화**	성 **성**	비유할 **유**	가지 **품**	다섯 **오**	일백 **백**	차례 **제**		
授	學	無	學	人	記	品		수학무학인기품과
줄 **수**	배울 **학**	없을 **무**	배울 **학**	사람 **인**	기록할 **기**	가지 **품**		
法	師	品	與	見	寶	塔		법사품과 견보탑품과
법 **법**	스승 **사**	가지 **품**	더불어 **여**	볼 **견**	보배 **보**	탑 **탑**		
提	婆	達	多	與	持	品		제바달다품과 권지품과
끌 **제**	할미 **파(바)**	통달할 **달**	많을 **다**	더불어 **여**	가질 **지**	가지 **품**		
安	樂	行	品	從	地	踊		안락행품과 종지용출품과
편안할 **안**	즐길 **락**	행할 **행**	가지 **품**	좇을 **종**	땅 **지**	뛸 **용**		
如	來	壽	量	分	別	功		여래수량품과 분별공덕품과
같을 **여**	올 **래**	목숨 **수**	헤아릴 **량**	나눌 **분**	나눌 **별**	공 **공**		
隨	喜	功	德	法	師	功		수희공덕품과 법사공덕품과
따를 **수**	기쁠 **희**	공 **공**	덕 **덕**	법 **법**	스승 **사**	공 **공**		
常	不	輕	品	神	力	品		상불경보살품과 여래신력품과
항상 **상**	아닐 **불**	가벼울 **경**	가지 **품**	신통할 **신**	힘 **력**	가지 **품**		
囑	累	藥	王	本	事	品		촉루품과 약왕보살본사품과
부탁할 **촉**	여러 **루**	약 **약**	임금 **왕**	근본 **본**	일 **사**	가지 **품**		

妙	音	觀	音	普	門	品	묘음보살품과 관세음보살보문품과
묘할 **묘**	소리 **음**	볼 **관**	소리 **음**	넓을 **보**	문 **문**	가지 **품**	
陀	羅	尼	品	妙	莊	嚴	다라니품과 묘장엄왕본사품과
비탈질 **타(다)**	그물 **라**	여승 **니**	가지 **품**	묘할 **묘**	꾸밀 **장**	엄할 **엄**	
普	賢	菩	薩	勸	發	品	보현보살권발품까지
넓을 **보**	어질 **현**	보리 **보**	보살 **살**	권할 **권**	필 **발**	가지 **품**	
二	十	八	品	圓	滿	敎	이십팔품으로써 원만한 교설이더라.
두 **이**	열 **십**	여덟 **팔**	가지 **품**	둥글 **원**	찰 **만**	가르칠 **교**	
是	爲	一	乘	妙	法	門	이것이 곧 일승묘법의 법문으로
이 **시**	될 **위**	한 **일**	탈 **승**	묘할 **묘**	법 **법**	문 **문**	
支	品	別	偈	皆	具	足	가지가 되는 품과 게송들이 모두 다 구족하니
가를 **지**	가지 **품**	나눌 **별**	게송 **게**	다 **개**	갖출 **구**	족할 **족**	
讀	誦	受	持	信	解	人	독송하고 수지하고 신해하는 사람들은
읽을 **독**	외울 **송**	받을 **수**	가질 **지**	믿을 **신**	풀 **해**	사람 **인**	
從	佛	口	生	佛	衣	覆	부처님 말씀 듣고 출생하니 부처님이 옷으로 덮어 주며
좇을 **종**	부처 **불**	입 **구**	날 **생**	부처 **불**	옷 **의**	덮을 **부**	
普	賢	菩	薩	來	守	護	보현보살 다가와서 그를 수호하여 주고
넓을 **보**	어질 **현**	보리 **보**	보살 **살**	올 **내**	지킬 **수**	도울 **호**	

魔	鬼	諸	惱	皆	消	除	마귀들의 괴롭힘은 한결같이 사라지고
마귀 마	귀신 귀	모두 제	번뇌할 뇌	다 개	사라질 소	덜 제	
不	貪	世	間	心	意	直	세간사에 탐착 않고 마음과 뜻 올곧으며
아닐 불	탐할 탐	세상 세	사이 간	마음 심	뜻 의	곧을 직	
有	正	憶	念	有	福	德	올바르게 기억하면 그 복덕이 한량없고
있을 유	바를 정	억 억	생각 념	있을 유	복 복	덕 덕	
忘	失	句	偈	令	通	利	잊고 있던 구절 게송 생생하게 떠오르고
잊을 망	잃을 실	글귀 구	게송 게	하여금 영	통할 통	날카로울 리	
不	久	當	詣	道	場	中	머지않아 법화회상 도량 중에 나아가서
아닐 불	오랠 구	당할 당	이를 예	길 도	마당 장(량)	가운데 중	
得	大	菩	提	轉	法	輪	큰 깨달음을 얻게 되고 묘법륜을 굴리나니
얻을 득	큰 대	보리 보	끌 제(리)	구를 전	법 법	바퀴 륜	
是	故	見	者	如	敬	佛	그러므로 만나는 이는 부처님과 같이 공경하네.
이 시	연고 고	볼 견	사람 자	같을 여	공경 경	부처 불	
南	無	妙	法	蓮	華	經	나무묘법연화경
나무 나	없을 무	묘할 묘	법 법	연꽃 연	꽃 화	글 경	
靈	山	會	上	佛	菩	薩	영산회상불보살
신령 영	뫼 산	모일 회	위 상	부처 불	보리 보	보살 살	

一	乘	妙	法	蓮	華	經		일승묘법연화경
한 **일**	탈 **승**	묘할 **묘**	법 **법**	연꽃 **연**	꽃 **화**	글 **경**		
寶	藏	菩	薩	略	纂	偈		보장보살약찬게.
보배 **보**	감출 **장**	보리 **보**	보살 **살**	간략할 **약**	모을 **찬**	계송 **게**		

〈사경 2회〉

法	華	經	略	纂	偈
법 **법**	꽃 **화**	글 **경**	간략할 **약**	모을 **찬**	게송 **게**

一	乘	妙	法	蓮	華	經	일승묘법연화경
한 **일**	탈 **승**	묘할 **묘**	법 **법**	연꽃 **연**	꽃 **화**	글 **경**	
寶	藏	菩	薩	略	纂	偈	보장보살약찬게
보배 **보**	감출 **장**	보리 **보**	보살 **살**	간략할 **약**	모을 **찬**	게송 **게**	
南	無	華	藏	世	界	海	화장장엄 세계바다
나무 **나**	없을 **무**	꽃 **화**	감출 **장**	세상 **세**	경계 **계**	바다 **해**	
王	舍	城	中	耆	闍	崛	왕사성 중 기사굴 산중에
임금 **왕**	집 **사**	성 **성**	가운데 **중**	늙을 **기**	사리 **사**	우뚝 솟을 **굴**	
常	住	不	滅	釋	迦	尊	상주하여 계시옵는 석가모니 부처님과
항상 **상**	살 **주**	아닐 **불**	멸할 **멸**	풀 **석**	부처 이름 **가**	높을 **존**	
十	方	三	世	一	切	佛	시방삼세 일체 부처님과
열 **십(시)**	방위 **방**	석 **삼**	세상 **세**	한 **일**	온통 **체**	부처 **불**	
種	種	因	緣	方	便	道	가지가지 인연들과 방편도로써
종류 **종**	종류 **종**	인할 **인**	인연 **연**	처방 **방**	편할 **편**	길 **도**	

恒	轉	一	乘	妙	法	輪		영원토록 굴리시는 일승묘법 법륜에 귀의합니다.
항상 **항**	구를 **전**	한 **일**	탈 **승**	묘할 **묘**	법 **법**	바퀴 **륜**		
與	比	丘	衆	萬	二	千		청법 대중은 일만이천 비구들로서
더불어 **여**	견줄 **비**	언덕 **구**	무리 **중**	일만 **만**	두 **이**	일천 **천**		
漏	盡	自	在	阿	羅	漢		번뇌가 다하고 자재한 아라한들과
번뇌 **누**	다할 **진**	스스로 **자**	있을 **재**	언덕 **아**	그물 **라**	한나라 **한**		
阿	若	憍	陳	大	迦	葉		아야교진여와 마하가섭과
언덕 **아**	반야 **야**	교만할 **교**	베풀 **진**	큰 **대**	부처이름 **가**	땅 이름 **섭**		
優	樓	頻	螺	及	伽	耶		우루빈나가섭과 가야가섭과
넉넉할 **우**	다락 **루**	자주 **빈**	소라 **나**	및 **급**	절 **가**	어조사 **야**		
那	提	迦	葉	舍	利	弗		나제가섭과 사리불과
어찌 **나**	끌 **제**	부처이름 **가**	땅 이름 **섭**	집 **사**	이로울 **리**	아닐 **불**		
大	目	揵	連	迦	旃	延		대목건련과 가전연과
큰 **대**	눈 **목**	불친소 **건**	잇닿을 **련**	부처이름 **가**	기 **전**	늘일 **연**		
阿	㝹	樓	馱	劫	賓	那		아누루타와 겁빈나와
언덕 **아**	토끼새끼 **누**	다락 **루**	실을 **타**	겁 **겁**	손 **빈**	어찌 **나**		
憍	梵	波	提	離	婆	多		교범바제와 이바다와
교만할 **교**	하늘 **범**	물결 **파(바)**	끌 **제**	떠날 **이**	할미 **파(바)**	많을 **다**		

畢	陵	伽	婆	薄	拘	羅		필릉가바차와 박구라와
마칠 **필**	언덕 **릉**	절 **가**	할미 **파(바)**	엷을 **박**	잡을 **구**	그물 **라**		
摩	訶	俱	絺	羅	難	陀		마하구치라와 난타와
갈 **마**	꾸짖을 **하**	함께 **구**	칡베 **치**	그물 **라**	어려울 **난**	비탈질 **타**		
孫	陀	羅	與	富	樓	那		손타라와 부루나와
손자 **손**	비탈질 **타**	그물 **라**	더불어 **여**	부유할 **부**	다락 **루**	어찌 **나**		
須	菩	提	者	與	阿	難		수보리와 아난다와
모름지기**수**	보리 **보**	끌 **제(리)**	사람 **자**	더불어 **여**	언덕 **아**	어려울 **난**		
羅	睺	羅	等	大	比	丘		라후라 등 큰 비구스님들과
그물 **라**	애꾸눈 **후**	그물 **라**	무리 **등**	큰 **대**	견줄 **비**	언덕 **구**		
摩	訶	波	闍	波	提	及		마하파사파제와
갈 **마**	꾸짖을 **하**	물결 **파**	사리 **사**	물결 **파**	끌 **제**	및 **급**		
羅	睺	羅	母	耶	輸	陀		라후라의 모친으로 야수다라와
그물 **라**	애꾸눈 **후**	그물 **라**	어머니 **모**	어조사 **야**	보낼 **수**	비탈질 **타(다)**		
比	丘	尼	等	二	千	人		비구니들 이천 권속과
견줄 **비**	언덕 **구**	여승 **니**	무리 **등**	두 **이**	일천 **천**	사람 **인**		
摩	訶	薩	衆	八	萬	人		보살마하살 대중 팔만인으로
갈 **마**	꾸짖을 **하**	보살 **살**	무리 **중**	여덟 **팔**	일만 **만**	사람 **인**		

文	殊	師	利	觀	世	音	문수사리보살과 관세음보살과
글월 **문**	다를 **수**	스승 **사**	이로울 **리**	볼 **관**	세상 **세**	소리 **음**	
得	大	勢	與	常	精	進	득대세보살과 상정진보살과
얻을 **득**	큰 **대**	형세 **세**	더불어 **여**	항상 **상**	정할 **정**	나아갈 **진**	
不	休	息	及	寶	掌	士	불휴식보살과 보장보살과
아닐 **불**	쉴 **휴**	쉴 **식**	및 **급**	보배 **보**	손바닥 **장**	선비 **사**	
藥	王	勇	施	及	寶	月	약왕보살과 용시보살과 보월보살과
약 **약**	임금 **왕**	날랠 **용**	베풀 **시**	및 **급**	보배 **보**	달 **월**	
月	光	滿	月	大	力	人	월광보살과 만월보살과 대력보살과
달 **월**	빛 **광**	찰 **만**	달 **월**	큰 **대**	힘 **력**	사람 **인**	
無	量	力	與	越	三	界	무량력보살과 월삼계보살과
없을 **무**	헤아릴 **량**	힘 **력**	더불어 **여**	넘을 **월**	석 **삼**	경계 **계**	
跋	陀	婆	羅	彌	勒	尊	발타바라보살과 미륵보살과
밟을 **발**	비탈질 **타**	할미 **파(바)**	그물 **라**	두루 **미**	굴레 **륵**	높을 **존**	
寶	積	導	師	諸	菩	薩	보적보살과 도사보살 등 여러 보살과
보배 **보**	쌓을 **적**	인도할 **도**	스승 **사**	모두 **제**	보리 **보**	보살 **살**	
釋	提	桓	因	月	天	子	석제환인과 명월천자와
풀 **석**	끌 **제**	굳셀 **환**	인할 **인**	달 **월**	하늘 **천**	아들 **자**	

普	香	寶	光	四	天	王	보향천자와 보광천자 등 사대천왕과
넓을 **보**	향기 **향**	보배 **보**	빛 **광**	넉 **사**	하늘 **천**	임금 **왕**	
自	在	天	子	大	自	在	자재천자와 대자재천자와
스스로 **자**	있을 **재**	하늘 **천**	아들 **자**	큰 **대**	스스로 **자**	있을 **재**	
娑	婆	界	主	梵	天	王	사바세계 주인이신 범천왕과
춤출 **사**	할미 **파(바)**	경계 **계**	주인 **주**	하늘 **범**	하늘 **천**	임금 **왕**	
尸	棄	大	梵	光	明	梵	시기대범천왕과 광명대범천왕과
주검 **시**	버릴 **기**	큰 **대**	하늘 **범**	빛 **광**	밝을 **명**	하늘 **범**	
難	陀	龍	王	跋	難	陀	난타용왕과 발난타용왕과
어려울 **난**	비탈질 **타**	용 **용**	임금 **왕**	밟을 **발**	어려울 **난**	비탈질 **타**	
娑	伽	羅	王	和	修	吉	사가라용왕과 화수길용왕과
춤출 **사**	절 **가**	그물 **라**	임금 **왕**	화할 **화**	닦을 **수**	길할 **길**	
德	叉	阿	那	婆	達	多	덕차가용왕과 아나바달다용왕과
덕 **덕**	갈래 **차**	언덕 **아**	어찌 **나**	할미 **파(바)**	통달할 **달**	많을 **다**	
摩	那	斯	龍	優	鉢	羅	마나사용왕과 우발라용왕과
갈 **마**	어찌 **나**	이 **사**	용 **용**	넉넉할 **우**	바리때 **발**	그물 **라**	
法	緊	那	羅	妙	法	王	법긴나라왕과 묘법긴나라왕과
법 **법**	긴할 **긴**	어찌 **나**	그물 **라**	묘할 **묘**	법 **법**	임금 **왕**	

大	法	緊	那	持	法	王	대법긴나라왕과 지법긴나라왕과
큰 **대**	법 **법**	긴할 **긴**	어찌 **나**	가질 **지**	법 **법**	임금 **왕**	
樂	乾	闥	婆	樂	音	王	악건달바왕과 악음건달바왕과
노래 **악**	하늘 **건**	문 **달**	할미 **파(바)**	노래 **악**	소리 **음**	임금 **왕**	
美	乾	闥	婆	美	音	王	미건달바왕과 미음건달바왕과
아름다울 **미**	하늘 **건**	문 **달**	할미 **파(바)**	아름다울 **미**	소리 **음**	임금 **왕**	
婆	雉	佉	羅	騫	駄	王	바치아수라왕과 거라건타아수라왕과
할미 **파(바)**	꿩 **치**	나라 이름 **거**	그물 **라**	이지러질 **건**	실을 **타**	임금 **왕**	
毘	摩	質	多	羅	修	羅	비마질다라아수라왕과
도울 **비**	갈 **마**	바탕 **질**	많을 **다**	그물 **라**	닦을 **수**	그물 **라**	
羅	睺	阿	修	羅	王	等	라후아수라왕 등과
그물 **라**	애꾸눈 **후**	언덕 **아**	닦을 **수**	그물 **라**	임금 **왕**	무리 **등**	
大	德	迦	樓	大	身	王	대위덕가루라왕과 대신가루라왕과
큰 **대**	덕 **덕**	부처 이름 **가**	다락 **루**	큰 **대**	몸 **신**	임금 **왕**	
大	滿	迦	樓	如	意	王	대만가루라왕과 여의가루라왕과
큰 **대**	찰 **만**	부처이름 **가**	다락 **루**	같을 **여**	뜻 **의**	임금 **왕**	
韋	提	希	子	阿	闍	世	위제희의 아들 아사세왕 등
가죽 **위**	끌 **제**	바랄 **희**	아들 **자**	언덕 **아**	사리 **사**	세상 **세**	

各	與	若	干	百	千	人		각각 무수한 백천 대중들이 모여서
각각 **각**	더불어 **여**	같을 **약**	방패 **간**	일백 **백**	일천 **천**	사람 **인**		
佛	爲	說	經	無	量	義		석가모니 부처님이 무량의경을 설하시고
부처 **불**	할 **위**	말씀 **설**	글 **경**	없을 **무**	헤아릴 **량**	뜻 **의**		
無	量	義	處	三	昧	中		무량의처삼매 중에 드시니
없을 **무**	헤아릴 **량**	옳을 **의**	곳 **처**	석 **삼**	어두울 **매**	가운데 **중**		
天	雨	四	華	地	六	震		하늘에서는 네 가지 꽃이 비 내리고 땅에서는 여섯 가지로 진동하고
하늘 **천**	비 **우**	넉 **사**	꽃 **화**	땅 **지**	여섯 **육**	우레 **진**		
四	衆	八	部	人	非	人		사부대중과 천룡팔부와 사람인 듯 사람 아닌 듯한 이들과
넉 **사**	무리 **중**	여덟 **팔**	거느릴 **부**	사람 **인**	아닐 **비**	사람 **인**		
及	諸	小	王	轉	輪	王		작은 나라 왕들과 전륜왕과
및 **급**	모두 **제**	작을 **소**	임금 **왕**	구를 **전**	바퀴 **륜**	임금 **왕**		
諸	大	衆	得	未	曾	有		모든 대중들이 미증유를 얻어서
모두 **제**	큰 **대**	무리 **중**	얻을 **득**	아닐 **미**	일찍 **증**	있을 **유**		
歡	喜	合	掌	心	觀	佛		환희하여 합장하고 부처님을 바라보네.
기쁠 **환**	기쁠 **희**	합할 **합**	손바닥 **장**	마음 **심**	볼 **관**	부처 **불**		
佛	放	眉	間	白	毫	光		부처님이 미간백호에서 광명을 놓아
부처 **불**	놓을 **방**	눈썹 **미**	사이 **간**	흰 **백**	터럭 **호**	빛 **광**		

光	照	東	方	萬	八	千	
빛 광	비칠 조	동녘 동	방위 방	일만 만	여덟 팔	일천 천	동방으로 일만팔천 세계를 비추시니
下	至	阿	鼻	上	阿	迦	
아래 하	이를 지	언덕 아	코 비	위 상	언덕 아	부처 이름 가	아래로는 아비지옥과 위로는 아가니타천까지
衆	生	諸	佛	及	菩	薩	
무리 중	날 생	모두 제	부처 불	및 급	보리 보	보살 살	중생들과 부처님과 보살들까지라
種	種	修	行	佛	說	法	
종류 종	종류 종	닦을 수	행할 행	부처 불	말씀 설	법 법	갖가지로 수행하고 설법하고
涅	槃	起	塔	此	悉	見	
개흙 열	쟁반 반	일어날 기	탑 탑	이 차	다 실	볼 견	열반하고 탑 세우는 모든 사실들을 보았어라.
大	衆	疑	念	彌	勒	問	
큰 대	무리 중	의심할 의	생각 념	두루 미	굴레 륵	물을 문	대중들이 의심하여 미륵보살이 질문하니
文	殊	師	利	爲	決	疑	
글월 문	다를 수	스승 사	이로울 리	위할 위	끊을 결	의심할 의	문수사리보살이 의심을 풀어 대답하되
我	於	過	去	見	此	瑞	
나 아	어조사 어	지날 과	갈 거	볼 견	이 차	상서 서	내가 과거 무량겁에 이런 상서 보았는데
卽	說	妙	法	汝	當	知	
곧 즉	말씀 설	묘할 묘	법 법	너 여	마땅 당	알 지	묘한 법을 설했나니 그대들은 마땅히 알라.

時	有	日	月	燈	明	佛	그 당시에 일월등명 부처님이 계시어서
때 **시**	있을 **유**	해 **일**	달 **월**	등불 **등**	밝을 **명**	부처 **불**	
爲	說	正	法	初	中	後	바른 법을 설하시매 처음 중간 마지막이
할 **위**	말씀 **설**	바를 **정**	법 **법**	처음 **초**	가운데 **중**	뒤 **후**	
純	一	無	雜	梵	行	相	순일하여 잡됨 없고 깨끗한 행 갖췄으니
순수할 **순**	한 **일**	없을 **무**	섞일 **잡**	하늘 **범**	행할 **행**	모양 **상**	
說	應	諦	緣	六	度	法	사제와 십이인연과 육바라밀 설하시어
말씀 **설**	응당 **응**	진리 **제**	인연 **연**	여섯 **육**	법도 **도**	법 **법**	
令	得	阿	耨	菩	提	智	아뇩보리 일체종지 모두 얻게 하시나니
하여금 **영**	얻을 **득**	언덕 **아**	김맬 **누(뇩)**	보리 **보**	끌 **제(리)**	슬기 **지**	
如	是	二	萬	皆	同	名	이와 같은 이만 명의 일월등명 부처님
같을 **여**	이 **시**	두 **이**	일만 **만**	다 **개**	한가지 **동**	이름 **명**	
最	後	八	子	爲	法	師	마지막 여덟 왕자 모두 법사 되었으니
가장 **최**	뒤 **후**	여덟 **팔**	아들 **자**	될 **위**	법 **법**	스승 **사**	
是	時	六	瑞	皆	如	是	그때에도 여섯 상서 모두 그와 같았어라.
이 **시**	때 **시**	여섯 **육**	상서 **서**	다 **개**	같을 **여**	이 **시**	
妙	光	菩	薩	求	名	尊	묘광보살과 구명보살이
묘할 **묘**	빛 **광**	보리 **보**	보살 **살**	구할 **구**	이름 **명**	높을 **존**	

文	殊	彌	勒	豈	異	人	문수보살과 미륵보살이더라.
글월 **문**	다를 **수**	두루 **미**	굴레 **륵**	어찌 **기**	다를 **이**	사람 **인**	
德	藏	堅	滿	大	樂	說	덕장보살 견만보살 대요설보살이며
덕 **덕**	감출 **장**	굳을 **견**	찰 **만**	큰 **대**	좋아할 **요**	말씀 **설**	
智	積	上	行	無	邊	行	지적보살 상행보살 무변행보살이라
슬기 **지**	쌓을 **적**	위 **상**	행할 **행**	없을 **무**	가 **변**	행할 **행**	
淨	行	菩	薩	安	立	行	정행보살과 안립행보살과
깨끗할 **정**	행할 **행**	보리 **보**	보살 **살**	편안 **안**	설 **립**	행할 **행**	
常	不	輕	士	宿	王	華	상불경보살과 수왕화보살이며
항상 **상**	아닐 **불**	가벼울 **경**	선비 **사**	별자리 **수**	임금 **왕**	꽃 **화**	
一	切	衆	生	喜	見	人	일체중생희견보살과
한 **일**	온통 **체**	무리 **중**	날 **생**	기쁠 **희**	볼 **견**	사람 **인**	
妙	音	菩	薩	上	行	意	묘음보살과 상행의보살과
묘할 **묘**	소리 **음**	보리 **보**	보살 **살**	위 **상**	행할 **행**	뜻 **의**	
莊	嚴	王	及	華	德	士	장엄왕보살과 화덕보살과
꾸밀 **장**	엄할 **엄**	임금 **왕**	및 **급**	꽃 **화**	덕 **덕**	선비 **사**	
無	盡	意	與	持	地	人	무진의보살과 지지보살과
없을 **무**	다할 **진**	뜻 **의**	더불어 **여**	가질 **지**	땅 **지**	사람 **인**	

光	照	莊	嚴	藥	王	尊	광조장엄상보살과 약왕보살과
빛 **광**	비칠 **조**	꾸밀 **장**	엄할 **엄**	약 **약**	임금 **왕**	높을 **존**	
藥	上	菩	薩	普	賢	尊	약상보살과 보현보살은
약 **약**	위 **상**	보리 **보**	보살 **살**	넓을 **보**	어질 **현**	높을 **존**	
常	隨	三	世	十	方	佛	시방삼세 부처님을 항상 함께 따르나니
항상 **상**	따를 **수**	석 **삼**	세상 **세**	열 **십(시)**	방위 **방**	부처 **불**	
日	月	燈	明	燃	燈	佛	일월등명부처님 연등부처님
해 **일**	달 **월**	등불 **등**	밝을 **명**	탈 **연**	등불 **등**	부처 **불**	
大	通	智	勝	如	來	佛	대통지승여래부처님과
큰 **대**	통할 **통**	슬기 **지**	수승할 **승**	같을 **여**	올 **래**	부처 **불**	
阿	閦	佛	及	須	彌	頂	아촉부처님과 수미정부처님과
언덕 **아**	무리 **축(촉)**	부처 **불**	및 **급**	모름지기 **수**	두루 **미**	정수리 **정**	
獅	子	音	佛	獅	子	相	사자음부처님과 사자상부처님과
사자 **사**	아들 **자**	소리 **음**	부처 **불**	사자 **사**	아들 **자**	모양 **상**	
虛	空	住	佛	常	滅	佛	허공주부처님과 상멸부처님과
빌 **허**	빌 **공**	살 **주**	부처 **불**	항상 **상**	꺼질 **멸**	부처 **불**	
帝	相	佛	與	梵	相	佛	제상부처님과 범상부처님과
임금 **제**	모양 **상**	부처 **불**	더불어 **여**	하늘 **범**	모양 **상**	부처 **불**	

阿	彌	陀	佛	度	苦	惱	아미타부처님과 도고뇌부처님과
언덕 **아**	두루 **미**	비탈질 **타**	부처 **불**	법도 **도**	괴로울 **고**	번뇌할 **뇌**	
多	摩	羅	佛	須	彌	相	다마라부처님과 수미상부처님과
많을 **다**	갈 **마**	그물 **라**	부처 **불**	모름지기 **수**	두루 **미**	모양 **상**	
雲	自	在	佛	自	在	王	운자재부처님과 자재왕부처님과
구름 **운**	스스로 **자**	있을 **재**	부처 **불**	스스로 **자**	있을 **재**	임금 **왕**	
壞	怖	畏	佛	多	寶	佛	괴포외부처님과 다보부처님과
무너질 **괴**	두려워할 **포**	두려워할 **외**	부처 **불**	많을 **다**	보배 **보**	부처 **불**	
威	音	王	佛	日	月	燈	위음왕부처님과 일월등명부처님과
위엄 **위**	소리 **음**	임금 **왕**	부처 **불**	해 **일**	달 **월**	등불 **등**	
雲	自	在	燈	淨	明	德	운자재등부처님과 정명덕부처님과
구름 **운**	스스로 **자**	있을 **재**	등불 **등**	깨끗할 **정**	밝을 **명**	덕 **덕**	
淨	華	宿	王	雲	雷	音	정화수왕부처님과 운뢰음왕부처님과
깨끗할 **정**	꽃 **화**	별자리 **수**	임금 **왕**	구름 **운**	우레 **뢰**	소리 **음**	
雲	雷	音	宿	王	華	智	운뢰음수왕화지부처님과
구름 **운**	우레 **뢰**	소리 **음**	별자리 **수**	임금 **왕**	꽃 **화**	슬기 **지**	
寶	威	德	上	王	如	來	보위덕상왕여래 등
보배 **보**	위엄 **위**	덕 **덕**	위 **상**	임금 **왕**	같을 **여**	올 **래**	

如	是	諸	佛	諸	菩	薩	이와 같은 모든 부처님과 모든 보살들이
같을 여	이 시	모두 제	부처 불	모두 제	보리 보	보살 살	
已	今	當	來	說	妙	法	과거와 현재와 미래에 묘법을 설하시니
이미 이	이제 금	당할 당	올 래	말씀 설	묘할 묘	법 법	
於	此	法	會	與	十	方	이 법회와 시방세계 대중들이
어조사 어	이 차	법 법	모일 회	더불어 여	열 십(시)	방위 방	
常	隨	釋	迦	牟	尼	佛	석가모니 부처님을 항상 따라 배우고자
항상 상	따를 수	풀 석	부처이름 가	소우는소리 모	여승 니	부처 불	
雲	集	相	從	法	會	中	운집하여 서로 따라 법회 중에 함께하여
구름 운	모을 집	서로 상	좇을 종	법 법	모일 회	가운데 중	
漸	頓	身	子	龍	女	等	점법과 돈법으로 사리불과 용녀로다.
점점 점	조아릴 돈	몸 신	아들 자	용 용	여자 녀	무리 등	
一	雨	等	澍	諸	樹	草	같은 비가 모든 수초에 동등하게 내리듯이
한 일	비 우	같을 등	단비 주	모두 제	나무 수	풀 초	
序	品	方	便	譬	喩	品	서품과 방편품과 비유품이며
차례 서	가지 품	처방 방	편할 편	비유할 비	비유할 유	가지 품	
信	解	藥	草	授	記	品	신해품과 약초유품과 수기품과
믿을 신	풀 해	약 약	풀 초	줄 수	기록할 기	가지 품	

化	城	喩	品	五	百	第		화성유품과 오백제자수기품과
될 **화**	성 **성**	비유할 **유**	가지 **품**	다섯 **오**	일백 **백**	차례 **제**		
授	學	無	學	人	記	品		수학무학인기품과
줄 **수**	배울 **학**	없을 **무**	배울 **학**	사람 **인**	기록할 **기**	가지 **품**		
法	師	品	與	見	寶	塔		법사품과 견보탑품과
법 **법**	스승 **사**	가지 **품**	더불어 **여**	볼 **견**	보배 **보**	탑 **탑**		
提	婆	達	多	與	持	品		제바달다품과 권지품과
끌 **제**	할미 **파(바)**	통달할 **달**	많을 **다**	더불어 **여**	가질 **지**	가지 **품**		
安	樂	行	品	從	地	踊		안락행품과 종지용출품과
편안할 **안**	즐길 **락**	행할 **행**	가지 **품**	좇을 **종**	땅 **지**	뛸 **용**		
如	來	壽	量	分	別	功		여래수량품과 분별공덕품과
같을 **여**	올 **래**	목숨 **수**	헤아릴 **량**	나눌 **분**	나눌 **별**	공 **공**		
隨	喜	功	德	法	師	功		수희공덕품과 법사공덕품과
따를 **수**	기쁠 **희**	공 **공**	덕 **덕**	법 **법**	스승 **사**	공 **공**		
常	不	輕	品	神	力	品		상불경보살품과 여래신력품과
항상 **상**	아닐 **불**	가벼울 **경**	가지 **품**	신통할 **신**	힘 **력**	가지 **품**		
囑	累	藥	王	本	事	品		촉루품과 약왕보살본사품과
부탁할 **촉**	여러 **루**	약 **약**	임금 **왕**	근본 **본**	일 **사**	가지 **품**		

妙	音	觀	音	普	門	品	묘음보살품과 관세음보살보문품과
묘할 **묘**	소리 **음**	볼 **관**	소리 **음**	넓을 **보**	문 **문**	가지 **품**	
陀	羅	尼	品	妙	莊	嚴	다라니품과 묘장엄왕본사품과
비탈질 **타(다)**	그물 **라**	여승 **니**	가지 **품**	묘할 **묘**	꾸밀 **장**	엄할 **엄**	
普	賢	菩	薩	勸	發	品	보현보살권발품까지
넓을 **보**	어질 **현**	보리 **보**	보살 **살**	권할 **권**	필 **발**	가지 **품**	
二	十	八	品	圓	滿	敎	이십팔품으로써 원만한 교설이더라.
두 **이**	열 **십**	여덟 **팔**	가지 **품**	둥글 **원**	찰 **만**	가르칠 **교**	
是	爲	一	乘	妙	法	門	이것이 곧 일승묘법의 법문으로
이 **시**	될 **위**	한 **일**	탈 **승**	묘할 **묘**	법 **법**	문 **문**	
支	品	別	偈	皆	具	足	가지가 되는 품과 게송들이 모두 다 구족하니
가를 **지**	가지 **품**	나눌 **별**	게송 **게**	다 **개**	갖출 **구**	족할 **족**	
讀	誦	受	持	信	解	人	독송하고 수지하고 신해하는 사람들은
읽을 **독**	외울 **송**	받을 **수**	가질 **지**	믿을 **신**	풀 **해**	사람 **인**	
從	佛	口	生	佛	衣	覆	부처님 말씀 듣고 출생하니 부처님이 옷으로 덮어 주며
좇을 **종**	부처 **불**	입 **구**	날 **생**	부처 **불**	옷 **의**	덮을 **부**	
普	賢	菩	薩	來	守	護	보현보살 다가와서 그를 수호하여 주고
넓을 **보**	어질 **현**	보리 **보**	보살 **살**	올 **내**	지킬 **수**	도울 **호**	

魔	鬼	諸	惱	皆	消	除		마귀들의 괴롭힘은 한결같이 사라지고
마귀 **마**	귀신 **귀**	모두 **제**	번뇌할 **뇌**	다 **개**	사라질 **소**	덜 **제**		
不	貪	世	間	心	意	直		세간사에 탐착 않고 마음과 뜻 올곧으며
아닐 **불**	탐할 **탐**	세상 **세**	사이 **간**	마음 **심**	뜻 **의**	곧을 **직**		
有	正	億	念	有	福	德		올바르게 기억하면 그 복덕이 한량없고
있을 **유**	바를 **정**	억 **억**	생각 **념**	있을 **유**	복 **복**	덕 **덕**		
忘	失	句	偈	令	通	利		잊고 있던 구절 게송 생생하게 떠오르고
잊을 **망**	잃을 **실**	글귀 **구**	게송 **게**	하여금 **영**	통할 **통**	날카로울 **리**		
不	久	當	詣	道	場	中		머지않아 법화회상 도량 중에 나아가서
아닐 **불**	오랠 **구**	당할 **당**	이를 **예**	길 **도**	마당 **장(량)**	가운데 **중**		
得	大	菩	提	轉	法	輪		큰 깨달음을 얻게 되고 묘법륜을 굴리나니
얻을 **득**	큰 **대**	보리 **보**	끌 **제(리)**	구를 **전**	법 **법**	바퀴 **륜**		
是	故	見	者	如	敬	佛		그러므로 만나는 이는 부처님과 같이 공경하네.
이 **시**	연고 **고**	볼 **견**	사람 **자**	같을 **여**	공경 **경**	부처 **불**		
南	無	妙	法	蓮	華	經		나무묘법연화경
나무 **나**	없을 **무**	묘할 **묘**	법 **법**	연꽃 **연**	꽃 **화**	글 **경**		
靈	山	會	上	佛	菩	薩		영산회상불보살
신령 **영**	뫼 **산**	모일 **회**	위 **상**	부처 **불**	보리 **보**	보살 **살**		

一	乘	妙	法	蓮	華	經		일승묘법연화경
한 **일**	탈 **승**	묘할 **묘**	법 **법**	연꽃 **연**	꽃 **화**	글 **경**		
寶	藏	菩	薩	略	纂	偈		보장보살약찬게.
보배 **보**	감출 **장**	보리 **보**	보살 **살**	간략할 **약**	모을 **찬**	게송 **게**		

〈사경 3회〉

法	華	經	略	纂	偈
법 **법**	꽃 **화**	글 **경**	간략할 **약**	모을 **찬**	게송 **게**

一	乘	妙	法	蓮	華	經	일승묘법연화경
한 **일**	탈 **승**	묘할 **묘**	법 **법**	연꽃 **연**	꽃 **화**	글 **경**	
寶	藏	菩	薩	略	纂	偈	보장보살약찬게
보배 **보**	감출 **장**	보리 **보**	보살 **살**	간략할 **약**	모을 **찬**	게송 **게**	
南	無	華	藏	世	界	海	화장장엄 세계바다
나무 **나**	없을 **무**	꽃 **화**	감출 **장**	세상 **세**	경계 **계**	바다 **해**	
王	舍	城	中	耆	闍	崛	왕사성 중 기사굴 산중에
임금 **왕**	집 **사**	성 **성**	가운데 **중**	늙을 **기**	사리 **사**	우뚝 솟을 **굴**	
常	住	不	滅	釋	迦	尊	상주하여 계시옵는 석가모니 부처님과
항상 **상**	살 **주**	아닐 **불**	멸할 **멸**	풀 **석**	부처 이름 **가**	높을 **존**	
十	方	三	世	一	切	佛	시방삼세 일체 부처님과
열 **십(시)**	방위 **방**	석 **삼**	세상 **세**	한 **일**	온통 **체**	부처 **불**	
種	種	因	緣	方	便	道	가지가지 인연들과 방편도로써
종류 **종**	종류 **종**	인할 **인**	인연 **연**	처방 **방**	편할 **편**	길 **도**	

恒	轉	一	乘	妙	法	輪	영원토록 굴리시는 일승묘법 법륜에 귀의합니다.
항상 **항**	구를 **전**	한 **일**	탈 **승**	묘할 **묘**	법 **법**	바퀴 **륜**	
與	比	丘	衆	萬	二	千	청법 대중은 일만이천 비구들로서
더불어 **여**	견줄 **비**	언덕 **구**	무리 **중**	일만 **만**	두 **이**	일천 **천**	
漏	盡	自	在	阿	羅	漢	번뇌가 다하고 자재한 아라한들과
번뇌 **누**	다할 **진**	스스로 **자**	있을 **재**	언덕 **아**	그물 **라**	한나라 **한**	
阿	若	憍	陳	大	迦	葉	아야교진여와 마하가섭과
언덕 **아**	반야 **야**	교만할 **교**	베풀 **진**	큰 **대**	부처이름 **가**	땅 이름 **섭**	
優	樓	頻	螺	及	伽	耶	우루빈나가섭과 가야가섭과
넉넉할 **우**	다락 **루**	자주 **빈**	소라 **나**	및 **급**	절 **가**	어조사 **야**	
那	提	迦	葉	舍	利	弗	나제가섭과 사리불과
어찌 **나**	끌 **제**	부처이름 **가**	땅 이름 **섭**	집 **사**	이로울 **리**	아닐 **불**	
大	目	犍	連	迦	旃	延	대목건련과 가전연과
큰 **대**	눈 **목**	불친소 **건**	잇닿을 **련**	부처이름 **가**	기 **전**	늘일 **연**	
阿	㝹	樓	馱	劫	賓	那	아누루타와 겁빈나와
언덕 **아**	토끼새끼 **누**	다락 **루**	실을 **타**	겁 **겁**	손 **빈**	어찌 **나**	
憍	梵	波	提	離	婆	多	교범바제와 이바다와
교만할 **교**	하늘 **범**	물결 **파(바)**	끌 **제**	떠날 **이**	할미 **파(바)**	많을 **다**	

畢	陵	伽	婆	薄	拘	羅	필릉가바차와 박구라와
마칠 **필**	언덕 **릉**	절 **가**	할미 **파(바)**	엷을 **박**	잡을 **구**	그물 **라**	
摩	訶	俱	絺	羅	難	陀	마하구치라와 난타와
갈 **마**	꾸짖을 **하**	함께 **구**	칡베 **치**	그물 **라**	어려울 **난**	비탈질 **타**	
孫	陀	羅	與	富	樓	那	손타라와 부루나와
손자 **손**	비탈질 **타**	그물 **라**	더불어 **여**	부유할 **부**	다락 **루**	어찌 **나**	
須	菩	提	者	與	阿	難	수보리와 아난다와
모름지기 **수**	보리 **보**	끌 **제(리)**	사람 **자**	더불어 **여**	언덕 **아**	어려울 **난**	
羅	睺	羅	等	大	比	丘	라후라 등 큰 비구스님들과
그물 **라**	애꾸눈 **후**	그물 **라**	무리 **등**	큰 **대**	견줄 **비**	언덕 **구**	
摩	訶	波	闍	波	提	及	마하파사파제와
갈 **마**	꾸짖을 **하**	물결 **파**	사리 **사**	물결 **파**	끌 **제**	및 **급**	
羅	睺	羅	母	耶	輸	陀	라후라의 모친으로 야수다라와
그물 **라**	애꾸눈 **후**	그물 **라**	어머니 **모**	어조사 **야**	보낼 **수**	비탈질 **타(다)**	
比	丘	尼	等	二	千	人	비구니들 이천 권속과
견줄 **비**	언덕 **구**	여승 **니**	무리 **등**	두 **이**	일천 **천**	사람 **인**	
摩	訶	薩	衆	八	萬	人	보살마하살 대중 팔만인으로
갈 **마**	꾸짖을 **하**	보살 **살**	무리 **중**	여덟 **팔**	일만 **만**	사람 **인**	

文	殊	師	利	觀	世	音	문수사리보살과 관세음보살과
글월 **문**	다를 **수**	스승 **사**	이로울 **리**	볼 **관**	세상 **세**	소리 **음**	
得	大	勢	與	常	精	進	득대세보살과 상정진보살과
얻을 **득**	큰 **대**	형세 **세**	더불어 **여**	항상 **상**	정할 **정**	나아갈 **진**	
不	休	息	及	寶	掌	士	불휴식보살과 보장보살과
아닐 **불**	쉴 **휴**	쉴 **식**	및 **급**	보배 **보**	손바닥 **장**	선비 **사**	
藥	王	勇	施	及	寶	月	약왕보살과 용시보살과 보월보살과
약 **약**	임금 **왕**	날랠 **용**	베풀 **시**	및 **급**	보배 **보**	달 **월**	
月	光	滿	月	大	力	人	월광보살과 만월보살과 대력보살과
달 **월**	빛 **광**	찰 **만**	달 **월**	큰 **대**	힘 **력**	사람 **인**	
無	量	力	與	越	三	界	무량력보살과 월삼계보살과
없을 **무**	헤아릴 **량**	힘 **력**	더불어 **여**	넘을 **월**	석 **삼**	경계 **계**	
跋	陀	婆	羅	彌	勒	尊	발타바라보살과 미륵보살과
밟을 **발**	비탈질 **타**	할미 **파(바)**	그물 **라**	두루 **미**	굴레 **륵**	높을 **존**	
寶	積	導	師	諸	菩	薩	보적보살과 도사보살 등 여러 보살과
보배 **보**	쌓을 **적**	인도할 **도**	스승 **사**	모두 **제**	보리 **보**	보살 **살**	
釋	提	桓	因	月	天	子	석제환인과 명월천자와
풀 **석**	끌 **제**	굳셀 **환**	인할 **인**	달 **월**	하늘 **천**	아들 **자**	

普	香	寶	光	四	天	王	보향천자와 보광천자 등 사대천왕과
넓을 **보**	향기 **향**	보배 **보**	빛 **광**	넉 **사**	하늘 **천**	임금 **왕**	
自	在	天	子	大	自	在	자재천자와 대자재천자와
스스로 **자**	있을 **재**	하늘 **천**	아들 **자**	큰 **대**	스스로 **자**	있을 **재**	
娑	婆	界	主	梵	天	王	사바세계 주인이신 범천왕과
춤출 **사**	할미 **파(바)**	경계 **계**	주인 **주**	하늘 **범**	하늘 **천**	임금 **왕**	
尸	棄	大	梵	光	明	梵	시기대범천왕과 광명대범천왕과
주검 **시**	버릴 **기**	큰 **대**	하늘 **범**	빛 **광**	밝을 **명**	하늘 **범**	
難	陀	龍	王	跋	難	陀	난타용왕과 발난타용왕과
어려울 **난**	비탈질 **타**	용 **용**	임금 **왕**	밟을 **발**	어려울 **난**	비탈질 **타**	
娑	伽	羅	王	和	修	吉	사가라용왕과 화수길용왕과
춤출 **사**	절 **가**	그물 **라**	임금 **왕**	화할 **화**	닦을 **수**	길할 **길**	
德	叉	阿	那	婆	達	多	덕차가용왕과 아나바달다용왕과
덕 **덕**	갈래 **차**	언덕 **아**	어찌 **나**	할미 **파(바)**	통달할 **달**	많을 **다**	
摩	那	斯	龍	優	鉢	羅	마나사용왕과 우발라용왕과
갈 **마**	어찌 **나**	이 **사**	용 **용**	넉넉할 **우**	바리때 **발**	그물 **라**	
法	緊	那	羅	妙	法	王	법긴나라왕과 묘법긴나라왕과
법 **법**	긴할 **긴**	어찌 **나**	그물 **라**	묘할 **묘**	법 **법**	임금 **왕**	

大	法	緊	那	持	法	王	대법긴나라왕과 지법긴나라왕과
큰 **대**	법 **법**	긴할 **긴**	어찌 **나**	가질 **지**	법 **법**	임금 **왕**	
樂	乾	闥	婆	樂	音	王	악건달바왕과 악음건달바왕과
노래 **악**	하늘 **건**	문 **달**	할미 **파(바)**	노래 **악**	소리 **음**	임금 **왕**	
美	乾	闥	婆	美	音	王	미건달바왕과 미음건달바왕과
아름다울 **미**	하늘 **건**	문 **달**	할미 **파(바)**	아름다울 **미**	소리 **음**	임금 **왕**	
婆	稚	佉	羅	騫	馱	王	바치아수라왕과 거라건타아수라왕과
할미 **파(바)**	꿩 **치**	나라 이름 **거**	그물 **라**	이지러질 **건**	실을 **타**	임금 **왕**	
毘	摩	質	多	羅	修	羅	비마질다라아수라왕과
도울 **비**	갈 **마**	바탕 **질**	많을 **다**	그물 **라**	닦을 **수**	그물 **라**	
羅	睺	阿	修	羅	王	等	라후아수라왕 등과
그물 **라**	애꾸눈 **후**	언덕 **아**	닦을 **수**	그물 **라**	임금 **왕**	무리 **등**	
大	德	迦	樓	大	身	王	대위덕가루라왕과 대신가루라왕과
큰 **대**	덕 **덕**	부처 이름 **가**	다락 **루**	큰 **대**	몸 **신**	임금 **왕**	
大	滿	迦	樓	如	意	王	대만가루라왕과 여의가루라왕과
큰 **대**	찰 **만**	부처이름 **가**	다락 **루**	같을 **여**	뜻 **의**	임금 **왕**	
韋	提	希	子	阿	闍	世	위제희의 아들 아사세왕 등
가죽 **위**	끌 **제**	바랄 **희**	아들 **자**	언덕 **아**	사리 **사**	세상 **세**	

各	與	若	干	百	千	人	각각 무수한 백천 대중들이 모여서
각각 **각**	더불어 **여**	같을 **약**	방패 **간**	일백 **백**	일천 **천**	사람 **인**	
佛	爲	說	經	無	量	義	석가모니 부처님이 무량의경을 설하시고
부처 **불**	할 **위**	말씀 **설**	글 **경**	없을 **무**	헤아릴 **량**	뜻 **의**	
無	量	義	處	三	昧	中	무량의처삼매 중에 드시니
없을 **무**	헤아릴 **량**	옳을 **의**	곳 **처**	석 **삼**	어두울 **매**	가운데 **중**	
天	雨	四	華	地	六	震	하늘에서는 네 가지 꽃이 비 내리고 땅에서는 여섯 가지로 진동하고
하늘 **천**	비 **우**	넉 **사**	꽃 **화**	땅 **지**	여섯 **육**	우레 **진**	
四	衆	八	部	人	非	人	사부대중과 천룡팔부와 사람인 듯 사람 아닌 듯한 이들과
넉 **사**	무리 **중**	여덟 **팔**	거느릴 **부**	사람 **인**	아닐 **비**	사람 **인**	
及	諸	小	王	轉	輪	王	작은 나라 왕들과 전륜왕과
및 **급**	모두 **제**	작을 **소**	임금 **왕**	구를 **전**	바퀴 **륜**	임금 **왕**	
諸	大	衆	得	未	曾	有	모든 대중들이 미증유를 얻어서
모두 **제**	큰 **대**	무리 **중**	얻을 **득**	아닐 **미**	일찍 **증**	있을 **유**	
歡	喜	合	掌	心	觀	佛	환희하여 합장하고 부처님을 바라보네.
기쁠 **환**	기쁠 **희**	합할 **합**	손바닥 **장**	마음 **심**	볼 **관**	부처 **불**	
佛	放	眉	間	白	毫	光	부처님이 미간백호에서 광명을 놓아
부처 **불**	놓을 **방**	눈썹 **미**	사이 **간**	흰 **백**	터럭 **호**	빛 **광**	

光	照	東	方	萬	八	千	
빛 광	비칠 조	동녘 동	방위 방	일만 만	여덟 팔	일천 천	동방으로 일만팔천 세계를 비추시니
下	至	阿	鼻	上	阿	迦	
아래 하	이를 지	언덕 아	코 비	위 상	언덕 아	부처 이름 가	아래로는 아비지옥과 위로는 아가니타천까지
衆	生	諸	佛	及	菩	薩	
무리 중	날 생	모두 제	부처 불	및 급	보리 보	보살 살	중생들과 부처님과 보살들까지라
種	種	修	行	佛	說	法	
종류 종	종류 종	닦을 수	행할 행	부처 불	말씀 설	법 법	갖가지로 수행하고 설법하고
涅	槃	起	塔	此	悉	見	
개흙 열	쟁반 반	일어날 기	탑 탑	이 차	다 실	볼 견	열반하고 탑 세우는 모든 사실들을 보았어라.
大	衆	疑	念	彌	勒	問	
큰 대	무리 중	의심할 의	생각 념	두루 미	굴레 륵	물을 문	대중들이 의심하여 미륵보살이 질문하니
文	殊	師	利	爲	決	疑	
글월 문	다를 수	스승 사	이로울 리	위할 위	끊을 결	의심할 의	문수사리보살이 의심을 풀어 대답하되
我	於	過	去	見	此	瑞	
나 아	어조사 어	지날 과	갈 거	볼 견	이 차	상서 서	내가 과거 무량겁에 이런 상서 보았는데
卽	說	妙	法	汝	當	知	
곧 즉	말씀 설	묘할 묘	법 법	너 여	마땅 당	알 지	묘한 법을 설했나니 그대들은 마땅히 알라.

時	有	日	月	燈	明	佛		그 당시에 일월등명 부처님이 계시어서
때 **시**	있을 **유**	해 **일**	달 **월**	등불 **등**	밝을 **명**	부처 **불**		
爲	說	正	法	初	中	後		바른 법을 설하시매 처음 중간 마지막이
할 **위**	말씀 **설**	바를 **정**	법 **법**	처음 **초**	가운데 **중**	뒤 **후**		
純	一	無	雜	梵	行	相		순일하여 잡됨 없고 깨끗한 행 갖췄으니
순수할 **순**	한 **일**	없을 **무**	섞일 **잡**	하늘 **범**	행할 **행**	모양 **상**		
說	應	諦	緣	六	度	法		사제와 십이인연과 육바라밀 설하시어
말씀 **설**	응당 **응**	진리 **제**	인연 **연**	여섯 **육**	법도 **도**	법 **법**		
令	得	阿	耨	菩	提	智		아뇩보리 일체종지 모두 얻게 하시나니
하여금 **영**	얻을 **득**	언덕 **아**	김맬 **누(뇩)**	보리 **보**	끌 **제(리)**	슬기 **지**		
如	是	二	萬	皆	同	名		이와 같은 이만 명의 일월등명 부처님
같을 **여**	이 **시**	두 **이**	일만 **만**	다 **개**	한가지 **동**	이름 **명**		
最	後	八	子	爲	法	師		마지막 여덟 왕자 모두 법사 되었으니
가장 **최**	뒤 **후**	여덟 **팔**	아들 **자**	될 **위**	법 **법**	스승 **사**		
是	時	六	瑞	皆	如	是		그때에도 여섯 상서 모두 그와 같았어라.
이 **시**	때 **시**	여섯 **육**	상서 **서**	다 **개**	같을 **여**	이 **시**		
妙	光	菩	薩	求	名	尊		묘광보살과 구명보살이
묘할 **묘**	빛 **광**	보리 **보**	보살 **살**	구할 **구**	이름 **명**	높을 **존**		

文	殊	彌	勒	豈	異	人		문수보살과 미륵보살이더라.
글월 **문**	다를 **수**	두루 **미**	굴레 **륵**	어찌 **기**	다를 **이**	사람 **인**		
德	藏	堅	滿	大	樂	說		덕장보살 견만보살 대요설보살이며
덕 **덕**	감출 **장**	굳을 **견**	찰 **만**	큰 **대**	좋아할 **요**	말씀 **설**		
智	積	上	行	無	邊	行		지적보살 상행보살 무변행보살이라
슬기 **지**	쌓을 **적**	위 **상**	행할 **행**	없을 **무**	가 **변**	행할 **행**		
淨	行	菩	薩	安	立	行		정행보살과 안립행보살과
깨끗할 **정**	행할 **행**	보리 **보**	보살 **살**	편안 **안**	설 **립**	행할 **행**		
常	不	輕	士	宿	王	華		상불경보살과 수왕화보살이며
항상 **상**	아닐 **불**	가벼울 **경**	선비 **사**	별자리 **수**	임금 **왕**	꽃 **화**		
一	切	衆	生	喜	見	人		일체중생희견보살과
한 **일**	온통 **체**	무리 **중**	날 **생**	기쁠 **희**	볼 **견**	사람 **인**		
妙	音	菩	薩	上	行	意		묘음보살과 상행의보살과
묘할 **묘**	소리 **음**	보리 **보**	보살 **살**	위 **상**	행할 **행**	뜻 **의**		
莊	嚴	王	及	華	德	士		장엄왕보살과 화덕보살과
꾸밀 **장**	엄할 **엄**	임금 **왕**	및 **급**	꽃 **화**	덕 **덕**	선비 **사**		
無	盡	意	與	持	地	人		무진의보살과 지지보살과
없을 **무**	다할 **진**	뜻 **의**	더불어 **여**	가질 **지**	땅 **지**	사람 **인**		

光	照	莊	嚴	藥	王	尊	광조장엄상보살과 약왕보살과
빛 **광**	비칠 **조**	꾸밀 **장**	엄할 **엄**	약 **약**	임금 **왕**	높을 **존**	
藥	上	菩	薩	普	賢	尊	약상보살과 보현보살은
약 **약**	위 **상**	보리 **보**	보살 **살**	넓을 **보**	어질 **현**	높을 **존**	
常	隨	三	世	十	方	佛	시방삼세 부처님을 항상 함께 따르나니
항상 **상**	따를 **수**	석 **삼**	세상 **세**	열 **십(시)**	방위 **방**	부처 **불**	
日	月	燈	明	燃	燈	佛	일월등명부처님 연등부처님
해 **일**	달 **월**	등불 **등**	밝을 **명**	탈 **연**	등불 **등**	부처 **불**	
大	通	智	勝	如	來	佛	대통지승여래부처님과
큰 **대**	통할 **통**	슬기 **지**	수승할 **승**	같을 **여**	올 **래**	부처 **불**	
阿	閦	佛	及	須	彌	頂	아촉부처님과 수미정부처님과
언덕 **아**	무리 **축(촉)**	부처 **불**	및 **급**	모름지기 **수**	두루 **미**	정수리 **정**	
獅	子	音	佛	獅	子	相	사자음부처님과 사자상부처님과
사자 **사**	아들 **자**	소리 **음**	부처 **불**	사자 **사**	아들 **자**	모양 **상**	
虛	空	住	佛	常	滅	佛	허공주부처님과 상멸부처님과
빌 **허**	빌 **공**	살 **주**	부처 **불**	항상 **상**	꺼질 **멸**	부처 **불**	
帝	相	佛	與	梵	相	佛	제상부처님과 범상부처님과
임금 **제**	모양 **상**	부처 **불**	더불어 **여**	하늘 **범**	모양 **상**	부처 **불**	

阿	彌	陀	佛	度	苦	惱	아미타부처님과 도고뇌부처님과
언덕 **아**	두루 **미**	비탈질 **타**	부처 **불**	법도 **도**	괴로울 **고**	번뇌할 **뇌**	
多	摩	羅	佛	須	彌	相	다마라부처님과 수미상부처님과
많을 **다**	갈 **마**	그물 **라**	부처 **불**	모름지기 **수**	두루 **미**	모양 **상**	
雲	自	在	佛	自	在	王	운자재부처님과 자재왕부처님과
구름 **운**	스스로 **자**	있을 **재**	부처 **불**	스스로 **자**	있을 **재**	임금 **왕**	
壞	怖	畏	佛	多	寶	佛	괴포외부처님과 다보부처님과
무너질 **괴**	두려워할 **포**	두려워할 **외**	부처 **불**	많을 **다**	보배 **보**	부처 **불**	
威	音	王	佛	日	月	燈	위음왕부처님과 일월등명부처님과
위엄 **위**	소리 **음**	임금 **왕**	부처 **불**	해 **일**	달 **월**	등불 **등**	
雲	自	在	燈	淨	明	德	운자재등부처님과 정명덕부처님과
구름 **운**	스스로 **자**	있을 **재**	등불 **등**	깨끗할 **정**	밝을 **명**	덕 **덕**	
淨	華	宿	王	雲	雷	音	정화수왕부처님과 운뢰음왕부처님과
깨끗할 **정**	꽃 **화**	별자리 **수**	임금 **왕**	구름 **운**	우레 **뢰**	소리 **음**	
雲	雷	音	宿	王	華	智	운뢰음수왕화지부처님과
구름 **운**	우레 **뢰**	소리 **음**	별자리 **수**	임금 **왕**	꽃 **화**	슬기 **지**	
寶	威	德	上	王	如	來	보위덕상왕여래 등
보배 **보**	위엄 **위**	덕 **덕**	위 **상**	임금 **왕**	같을 **여**	올 **래**	

如	是	諸	佛	諸	菩	薩	이와 같은 모든 부처님과 모든 보살들이
같을 **여**	이 **시**	모두 **제**	부처 **불**	모두 **제**	보리 **보**	보살 **살**	
已	今	當	來	說	妙	法	과거와 현재와 미래에 묘법을 설하시니
이미 **이**	이제 **금**	당할 **당**	올 **래**	말씀 **설**	묘할 **묘**	법 **법**	
於	此	法	會	與	十	方	이 법회와 시방세계 대중들이
어조사 **어**	이 **차**	법 **법**	모일 **회**	더불어 **여**	열 **십(시)**	방위 **방**	
常	隨	釋	迦	牟	尼	佛	석가모니 부처님을 항상 따라 배우고자
항상 **상**	따를 **수**	풀 **석**	부처이름 **가**	소우는소리 **모**	여승 **니**	부처 **불**	
雲	集	相	從	法	會	中	운집하여 서로 따라 법회 중에 함께하여
구름 **운**	모을 **집**	서로 **상**	좇을 **종**	법 **법**	모일 **회**	가운데 **중**	
漸	頓	身	子	龍	女	等	점법과 돈법으로 사리불과 용녀로다.
점점 **점**	조아릴 **돈**	몸 **신**	아들 **자**	용 **용**	여자 **녀**	무리 **등**	
一	雨	等	澍	諸	樹	草	같은 비가 모든 수초에 동등하게 내리듯이
한 **일**	비 **우**	같을 **등**	단비 **주**	모두 **제**	나무 **수**	풀 **초**	
序	品	方	便	譬	喩	品	서품과 방편품과 비유품이며
차례 **서**	가지 **품**	처방 **방**	편할 **편**	비유할 **비**	비유할 **유**	가지 **품**	
信	解	藥	草	授	記	品	신해품과 약초유품과 수기품과
믿을 **신**	풀 **해**	약 **약**	풀 **초**	줄 **수**	기록할 **기**	가지 **품**	

化	城	喩	品	五	百	第	화성유품과 오백제자수기품과
될 **화**	성 **성**	비유할 **유**	가지 **품**	다섯 **오**	일백 **백**	차례 **제**	
授	學	無	學	人	記	品	수학무학인기품과
줄 **수**	배울 **학**	없을 **무**	배울 **학**	사람 **인**	기록할 **기**	가지 **품**	
法	師	品	與	見	寶	塔	법사품과 견보탑품과
법 **법**	스승 **사**	가지 **품**	더불어 **여**	볼 **견**	보배 **보**	탑 **탑**	
提	婆	達	多	與	持	品	제바달다품과 권지품과
끌 **제**	할미 **파(바)**	통달할 **달**	많을 **다**	더불어 **여**	가질 **지**	가지 **품**	
安	樂	行	品	從	地	踊	안락행품과 종지용출품과
편안할 **안**	즐길 **락**	행할 **행**	가지 **품**	좇을 **종**	땅 **지**	뛸 **용**	
如	來	壽	量	分	別	功	여래수량품과 분별공덕품과
같을 **여**	올 **래**	목숨 **수**	헤아릴 **량**	나눌 **분**	나눌 **별**	공 **공**	
隨	喜	功	德	法	師	功	수희공덕품과 법사공덕품과
따를 **수**	기쁠 **희**	공 **공**	덕 **덕**	법 **법**	스승 **사**	공 **공**	
常	不	輕	品	神	力	品	상불경보살품과 여래신력품과
항상 **상**	아닐 **불**	가벼울 **경**	가지 **품**	신통할 **신**	힘 **력**	가지 **품**	
囑	累	藥	王	本	事	品	촉루품과 약왕보살본사품과
부탁할 **촉**	여러 **루**	약 **약**	임금 **왕**	근본 **본**	일 **사**	가지 **품**	

妙	音	觀	音	普	門	品	묘음보살품과 관세음보살보문품과
묘할 **묘**	소리 **음**	볼 **관**	소리 **음**	넓을 **보**	문 **문**	가지 **품**	
陀	羅	尼	品	妙	莊	嚴	다라니품과 묘장엄왕본사품과
비탈질 **타(다)**	그물 **라**	여승 **니**	가지 **품**	묘할 **묘**	꾸밀 **장**	엄할 **엄**	
普	賢	菩	薩	勸	發	品	보현보살권발품까지
넓을 **보**	어질 **현**	보리 **보**	보살 **살**	권할 **권**	필 **발**	가지 **품**	
二	十	八	品	圓	滿	敎	이십팔품으로써 원만한 교설이더라.
두 **이**	열 **십**	여덟 **팔**	가지 **품**	둥글 **원**	찰 **만**	가르칠 **교**	
是	爲	一	乘	妙	法	門	이것이 곧 일승묘법의 법문으로
이 **시**	될 **위**	한 **일**	탈 **승**	묘할 **묘**	법 **법**	문 **문**	
支	品	別	偈	皆	具	足	가지가 되는 품과 게송들이 모두 다 구족하니
가를 **지**	가지 **품**	나눌 **별**	게송 **게**	다 **개**	갖출 **구**	족할 **족**	
讀	誦	受	持	信	解	人	독송하고 수지하고 신해하는 사람들은
읽을 **독**	외울 **송**	받을 **수**	가질 **지**	믿을 **신**	풀 **해**	사람 **인**	
從	佛	口	生	佛	衣	覆	부처님 말씀 듣고 출생하니 부처님이 옷으로 덮어 주며
좇을 **종**	부처 **불**	입 **구**	날 **생**	부처 **불**	옷 **의**	덮을 **부**	
普	賢	菩	薩	來	守	護	보현보살 다가와서 그를 수호하여 주고
넓을 **보**	어질 **현**	보리 **보**	보살 **살**	올 **내**	지킬 **수**	도울 **호**	

魔	鬼	諸	惱	皆	消	除	마귀들의 괴롭힘은 한결같이 사라지고
마귀 **마**	귀신 **귀**	모두 **제**	번뇌할 **뇌**	다 **개**	사라질 **소**	덜 **제**	
不	貪	世	間	心	意	直	세간사에 탐착 않고 마음과 뜻 올곧으며
아닐 **불**	탐할 **탐**	세상 **세**	사이 **간**	마음 **심**	뜻 **의**	곧을 **직**	
有	正	億	念	有	福	德	올바르게 기억하면 그 복덕이 한량없고
있을 **유**	바를 **정**	억 **억**	생각 **념**	있을 **유**	복 **복**	덕 **덕**	
忘	失	句	偈	令	通	利	잊고 있던 구절 게송 생생하게 떠오르고
잊을 **망**	잃을 **실**	글귀 **구**	게송 **게**	하여금 **영**	통할 **통**	날카로울 **리**	
不	久	當	詣	道	場	中	머지않아 법화회상 도량 중에 나아가서
아닐 **불**	오랠 **구**	당할 **당**	이를 **예**	길 **도**	마당 **장(량)**	가운데 **중**	
得	大	菩	提	轉	法	輪	큰 깨달음을 얻게 되고 묘법륜을 굴리나니
얻을 **득**	큰 **대**	보리 **보**	끌 **제(리)**	구를 **전**	법 **법**	바퀴 **륜**	
是	故	見	者	如	敬	佛	그러므로 만나는 이는 부처님과 같이 공경하네.
이 **시**	연고 **고**	볼 **견**	사람 **자**	같을 **여**	공경 **경**	부처 **불**	
南	無	妙	法	蓮	華	經	나무묘법연화경
나무 **나**	없을 **무**	묘할 **묘**	법 **법**	연꽃 **연**	꽃 **화**	글 **경**	
靈	山	會	上	佛	菩	薩	영산회상불보살
신령 **영**	뫼 **산**	모일 **회**	위 **상**	부처 **불**	보리 **보**	보살 **살**	

一	乘	妙	法	蓮	華	經	
한 **일**	탈 **승**	묘할 **묘**	법 **법**	연꽃 **연**	꽃 **화**	글 **경**	
寶	藏	菩	薩	略	纂	偈	
보배 **보**	감출 **장**	보리 **보**	보살 **살**	간략할 **약**	모을 **찬**	게송 **게**	

일승묘법연화경

보장보살약찬게.

〈사경 4회〉

法	華	經	略	纂	偈
법 법	꽃 화	글 경	간략할 약	모을 찬	게송 게

一	乘	妙	法	蓮	華	經	일승묘법연화경
한 일	탈 승	묘할 묘	법 법	연꽃 연	꽃 화	글 경	
寶	藏	菩	薩	略	纂	偈	보장보살약찬게
보배 보	감출 장	보리 보	보살 살	간략할 약	모을 찬	게송 게	
南	無	華	藏	世	界	海	화장장엄 세계바다
나무 나	없을 무	꽃 화	감출 장	세상 세	경계 계	바다 해	
王	舍	城	中	耆	闍	崛	왕사성 중 기사굴 산중에
임금 왕	집 사	성 성	가운데 중	늙을 기	사리 사	우뚝 솟을 굴	
常	住	不	滅	釋	迦	尊	상주하여 계시옵는 석가모니 부처님과
항상 상	살 주	아닐 불	멸할 멸	풀 석	부처이름 가	높을 존	
十	方	三	世	一	切	佛	시방삼세 일체 부처님과
열 십(시)	방위 방	석 삼	세상 세	한 일	온통 체	부처 불	
種	種	因	緣	方	便	道	가지가지 인연들과 방편도로써
종류 종	종류 종	인할 인	인연 연	처방 방	편할 편	길 도	

恒	轉	一	乘	妙	法	輪		영원토록 굴리시는 일승묘법 법륜에 귀의합니다.
항상 항	구를 전	한 일	탈 승	묘할 묘	법 법	바퀴 륜		
與	比	丘	衆	萬	二	千		청법 대중은 일만이천 비구들로서
더불어 여	견줄 비	언덕 구	무리 중	일만 만	두 이	일천 천		
漏	盡	自	在	阿	羅	漢		번뇌가 다하고 자재한 아라한들과
번뇌 누	다할 진	스스로 자	있을 재	언덕 아	그물 라	한나라 한		
阿	若	憍	陳	大	迦	葉		아야교진여와 마하가섭과
언덕 아	반야 야	교만할 교	베풀 진	큰 대	부처이름 가	땅 이름 섭		
優	樓	頻	螺	及	伽	耶		우루빈나가섭과 가야가섭과
넉넉할 우	다락 루	자주 빈	소라 나	및 급	절 가	어조사 야		
那	提	迦	葉	舍	利	弗		나제가섭과 사리불과
어찌 나	끌 제	부처이름 가	땅 이름 섭	집 사	이로울 리	아닐 불		
大	目	犍	連	迦	旃	延		대목건련과 가전연과
큰 대	눈 목	불친소 건	잇닿을 련	부처이름 가	기 전	늘일 연		
阿	㝹	樓	馱	劫	賓	那		아누루타와 겁빈나와
언덕 아	토끼새끼 누	다락 루	실을 타	겁 겁	손 빈	어찌 나		
憍	梵	波	提	離	婆	多		교범바제와 이바다와
교만할 교	하늘 범	물결 파(바)	끌 제	떠날 이	할미 파(바)	많을 다		

畢	陵	伽	婆	薄	拘	羅	필릉가바차와 박구라와
마칠 필	언덕 릉	절 가	할미 파(바)	엷을 박	잡을 구	그물 라	
摩	訶	俱	絺	羅	難	陀	마하구치라와 난타와
갈 마	꾸짖을 하	함께 구	칡베 치	그물 라	어려울 난	비탈질 타	
孫	陀	羅	與	富	樓	那	손타라와 부루나와
손자 손	비탈질 타	그물 라	더불어 여	부유할 부	다락 루	어찌 나	
須	菩	提	者	與	阿	難	수보리와 아난다와
모름지기 수	보리 보	끌 제(리)	사람 자	더불어 여	언덕 아	어려울 난	
羅	睺	羅	等	大	比	丘	라후라 등 큰 비구스님들과
그물 라	애꾸눈 후	그물 라	무리 등	큰 대	견줄 비	언덕 구	
摩	訶	波	闍	波	提	及	마하파사파제와
갈 마	꾸짖을 하	물결 파	사리 사	물결 파	끌 제	및 급	
羅	睺	羅	母	耶	輸	陀	라후라의 모친으로 야수다라와
그물 라	애꾸눈 후	그물 라	어머니 모	어조사 야	보낼 수	비탈질 타(다)	
比	丘	尼	等	二	千	人	비구니들 이천 권속과
견줄 비	언덕 구	여승 니	무리 등	두 이	일천 천	사람 인	
摩	訶	薩	衆	八	萬	人	보살마하살 대중 팔만인으로
갈 마	꾸짖을 하	보살 살	무리 중	여덟 팔	일만 만	사람 인	

文	殊	師	利	觀	世	音	문수사리보살과 관세음보살과
글월 **문**	다를 **수**	스승 **사**	이로울 **리**	볼 **관**	세상 **세**	소리 **음**	
得	大	勢	與	常	精	進	득대세보살과 상정진보살과
얻을 **득**	큰 **대**	형세 **세**	더불어 **여**	항상 **상**	정할 **정**	나아갈 **진**	
不	休	息	及	寶	掌	士	불휴식보살과 보장보살과
아닐 **불**	쉴 **휴**	쉴 **식**	및 **급**	보배 **보**	손바닥 **장**	선비 **사**	
藥	王	勇	施	及	寶	月	약왕보살과 용시보살과 보월보살과
약 **약**	임금 **왕**	날랠 **용**	베풀 **시**	및 **급**	보배 **보**	달 **월**	
月	光	滿	月	大	力	人	월광보살과 만월보살과 대력보살과
달 **월**	빛 **광**	찰 **만**	달 **월**	큰 **대**	힘 **력**	사람 **인**	
無	量	力	與	越	三	界	무량력보살과 월삼계보살과
없을 **무**	헤아릴 **량**	힘 **력**	더불어 **여**	넘을 **월**	석 **삼**	경계 **계**	
跋	陀	婆	羅	彌	勒	尊	발타바라보살과 미륵보살과
밟을 **발**	비탈질 **타**	할미 **파(바)**	그물 **라**	두루 **미**	굴레 **륵**	높을 **존**	
寶	積	導	師	諸	菩	薩	보적보살과 도사보살 등 여러 보살과
보배 **보**	쌓을 **적**	인도할 **도**	스승 **사**	모두 **제**	보리 **보**	보살 **살**	
釋	提	桓	因	月	天	子	석제환인과 명월천자와
풀 **석**	끌 **제**	굳셀 **환**	인할 **인**	달 **월**	하늘 **천**	아들 **자**	

普	香	寶	光	四	天	王	보향천자와 보광천자 등 사대천왕과
넓을 **보**	향기 **향**	보배 **보**	빛 **광**	넉 **사**	하늘 **천**	임금 **왕**	
自	在	天	子	大	自	在	자재천자와 대자재천자와
스스로 **자**	있을 **재**	하늘 **천**	아들 **자**	큰 **대**	스스로 **자**	있을 **재**	
娑	婆	界	主	梵	天	王	사바세계 주인이신 범천왕과
춤출 **사**	할미 **파(바)**	경계 **계**	주인 **주**	하늘 **범**	하늘 **천**	임금 **왕**	
尸	棄	大	梵	光	明	梵	시기대범천왕과 광명대범천왕과
주검 **시**	버릴 **기**	큰 **대**	하늘 **범**	빛 **광**	밝을 **명**	하늘 **범**	
難	陀	龍	王	跋	難	陀	난타용왕과 발난타용왕과
어려울 **난**	비탈질 **타**	용 **용**	임금 **왕**	밟을 **발**	어려울 **난**	비탈질 **타**	
娑	伽	羅	王	和	修	吉	사가라용왕과 화수길용왕과
춤출 **사**	절 **가**	그물 **라**	임금 **왕**	화할 **화**	닦을 **수**	길할 **길**	
德	叉	阿	那	婆	達	多	덕차가용왕과 아나바달다용왕과
덕 **덕**	갈래 **차**	언덕 **아**	어찌 **나**	할미 **파(바)**	통달할 **달**	많을 **다**	
摩	那	斯	龍	優	鉢	羅	마나사용왕과 우발라용왕과
갈 **마**	어찌 **나**	이 **사**	용 **용**	넉넉할 **우**	바리때 **발**	그물 **라**	
法	緊	那	羅	妙	法	王	법긴나라왕과 묘법긴나라왕과
법 **법**	긴할 **긴**	어찌 **나**	그물 **라**	묘할 **묘**	법 **법**	임금 **왕**	

大	法	緊	那	持	法	王		대법긴나라왕과 지법긴나라왕과
큰 **대**	법 **법**	긴할 **긴**	어찌 **나**	가질 **지**	법 **법**	임금 **왕**		
樂	乾	闥	婆	樂	音	王		악건달바왕과 악음건달바왕과
노래 **악**	하늘 **건**	문 **달**	할미 **파(바)**	노래 **악**	소리 **음**	임금 **왕**		
美	乾	闥	婆	美	音	王		미건달바왕과 미음건달바왕과
아름다울 **미**	하늘 **건**	문 **달**	할미 **파(바)**	아름다울 **미**	소리 **음**	임금 **왕**		
婆	雉	佉	羅	騫	馱	王		바치아수라왕과 거라건타아수라왕과
할미 **파(바)**	꿩 **치**	나라 이름 **거**	그물 **라**	이지러질 **건**	실을 **타**	임금 **왕**		
毘	摩	質	多	羅	修	羅		비마질다라아수라왕과
도울 **비**	갈 **마**	바탕 **질**	많을 **다**	그물 **라**	닦을 **수**	그물 **라**		
羅	睺	阿	修	羅	王	等		라후아수라왕 등과
그물 **라**	애꾸눈 **후**	언덕 **아**	닦을 **수**	그물 **라**	임금 **왕**	무리 **등**		
大	德	迦	樓	大	身	王		대위덕가루라왕과 대신가루라왕과
큰 **대**	덕 **덕**	부처 이름 **가**	다락 **루**	큰 **대**	몸 **신**	임금 **왕**		
大	滿	迦	樓	如	意	王		대만가루라왕과 여의가루라왕과
큰 **대**	찰 **만**	부처이름 **가**	다락 **루**	같을 **여**	뜻 **의**	임금 **왕**		
韋	提	希	子	阿	闍	世		위제희의 아들 아사세왕 등
가죽 **위**	끌 **제**	바랄 **희**	아들 **자**	언덕 **아**	사리 **사**	세상 **세**		

各	與	若	干	百	千	人	각각 무수한 백천 대중들이 모여서
각각 **각**	더불어 **여**	같을 **약**	방패 **간**	일백 **백**	일천 **천**	사람 **인**	
佛	爲	說	經	無	量	義	석가모니 부처님이 무량의경을 설하시고
부처 **불**	할 **위**	말씀 **설**	글 **경**	없을 **무**	헤아릴 **량**	뜻 **의**	
無	量	義	處	三	昧	中	무량의처삼매 중에 드시니
없을 **무**	헤아릴 **량**	옳을 **의**	곳 **처**	석 **삼**	어두울 **매**	가운데 **중**	
天	雨	四	華	地	六	震	하늘에서는 네 가지 꽃이 비 내리고 땅에서는 여섯 가지로 진동하고
하늘 **천**	비 **우**	넉 **사**	꽃 **화**	땅 **지**	여섯 **육**	우레 **진**	
四	衆	八	部	人	非	人	사부대중과 천룡팔부와 사람인 듯 사람 아닌 듯한 이들과
넉 **사**	무리 **중**	여덟 **팔**	거느릴 **부**	사람 **인**	아닐 **비**	사람 **인**	
及	諸	小	王	轉	輪	王	작은 나라 왕들과 전륜왕과
및 **급**	모두 **제**	작을 **소**	임금 **왕**	구를 **전**	바퀴 **륜**	임금 **왕**	
諸	大	衆	得	未	曾	有	모든 대중들이 미증유를 얻어서
모두 **제**	큰 **대**	무리 **중**	얻을 **득**	아닐 **미**	일찍 **증**	있을 **유**	
歡	喜	合	掌	心	觀	佛	환희하여 합장하고 부처님을 바라보네.
기쁠 **환**	기쁠 **희**	합할 **합**	손바닥 **장**	마음 **심**	볼 **관**	부처 **불**	
佛	放	眉	間	白	毫	光	부처님이 미간백호에서 광명을 놓아
부처 **불**	놓을 **방**	눈썹 **미**	사이 **간**	흰 **백**	터럭 **호**	빛 **광**	

光	照	東	方	萬	八	千		동방으로 일만팔천 세계를 비추시니
빛 **광**	비칠 **조**	동녘 **동**	방위 **방**	일만 **만**	여덟 **팔**	일천 **천**		
下	至	阿	鼻	上	阿	迦		아래로는 아비지옥과 위로는 아가니타천까지
아래 **하**	이를 **지**	언덕 **아**	코 **비**	위 **상**	언덕 **아**	부처 이름 **가**		
衆	生	諸	佛	及	菩	薩		중생들과 부처님과 보살들까지라
무리 **중**	날 **생**	모두 **제**	부처 **불**	및 **급**	보리 **보**	보살 **살**		
種	種	修	行	佛	說	法		갖가지로 수행하고 설법하고
종류 **종**	종류 **종**	닦을 **수**	행할 **행**	부처 **불**	말씀 **설**	법 **법**		
涅	槃	起	塔	此	悉	見		열반하고 탑 세우는 모든 사실들을 보았어라.
개흙 **열**	쟁반 **반**	일어날 **기**	탑 **탑**	이 **차**	다 **실**	볼 **견**		
大	衆	疑	念	彌	勒	問		대중들이 의심하여 미륵보살이 질문하니
큰 **대**	무리 **중**	의심할 **의**	생각 **념**	두루 **미**	굴레 **륵**	물을 **문**		
文	殊	師	利	爲	決	疑		문수사리보살이 의심을 풀어 대답하되
글월 **문**	다를 **수**	스승 **사**	이로울 **리**	위할 **위**	끊을 **결**	의심할 **의**		
我	於	過	去	見	此	瑞		내가 과거 무량겁에 이런 상서 보았는데
나 **아**	어조사 **어**	지날 **과**	갈 **거**	볼 **견**	이 **차**	상서 **서**		
卽	說	妙	法	汝	當	知		묘한 법을 설했나니 그대들은 마땅히 알라.
곧 **즉**	말씀 **설**	묘할 **묘**	법 **법**	너 **여**	마땅 **당**	알 **지**		

時	有	日	月	燈	明	佛		그 당시에 일월등명 부처님이 계시어서
때 시	있을 유	해 일	달 월	등불 등	밝을 명	부처 불		
爲	說	正	法	初	中	後		바른 법을 설하시매 처음 중간 마지막이
할 위	말씀 설	바를 정	법 법	처음 초	가운데 중	뒤 후		
純	一	無	雜	梵	行	相		순일하여 잡됨 없고 깨끗한 행 갖췄으니
순수할 순	한 일	없을 무	섞일 잡	하늘 범	행할 행	모양 상		
說	應	諦	緣	六	度	法		사제와 십이인연과 육바라밀 설하시어
말씀 설	응당 응	진리 제	인연 연	여섯 육	법도 도	법 법		
令	得	阿	耨	菩	提	智		아뇩보리 일체종지 모두 얻게 하시나니
하여금 영	얻을 득	언덕 아	김맬 누(뇩)	보리 보	끌 제(리)	슬기 지		
如	是	二	萬	皆	同	名		이와 같은 이만 명의 일월등명 부처님
같을 여	이 시	두 이	일만 만	다 개	한가지 동	이름 명		
最	後	八	子	爲	法	師		마지막 여덟 왕자 모두 법사 되었으니
가장 최	뒤 후	여덟 팔	아들 자	될 위	법 법	스승 사		
是	時	六	瑞	皆	如	是		그때에도 여섯 상서 모두 그와 같았어라.
이 시	때 시	여섯 육	상서 서	다 개	같을 여	이 시		
妙	光	菩	薩	求	名	尊		묘광보살과 구명보살이
묘할 묘	빛 광	보리 보	보살 살	구할 구	이름 명	높을 존		

文	殊	彌	勒	豈	異	人	문수보살과 미륵보살이더라.
글월 **문**	다를 **수**	두루 **미**	굴레 **륵**	어찌 **기**	다를 **이**	사람 **인**	
德	藏	堅	滿	大	樂	說	덕장보살 견만보살 대요설보살이며
덕 **덕**	감출 **장**	굳을 **견**	찰 **만**	큰 **대**	좋아할 **요**	말씀 **설**	
智	積	上	行	無	邊	行	지적보살 상행보살 무변행보살이라
슬기 **지**	쌓을 **적**	위 **상**	행할 **행**	없을 **무**	가 **변**	행할 **행**	
淨	行	菩	薩	安	立	行	정행보살과 안립행보살과
깨끗할 **정**	행할 **행**	보리 **보**	보살 **살**	편안 **안**	설 **립**	행할 **행**	
常	不	輕	士	宿	王	華	상불경보살과 수왕화보살이며
항상 **상**	아닐 **불**	가벼울 **경**	선비 **사**	별자리 **수**	임금 **왕**	꽃 **화**	
一	切	衆	生	喜	見	人	일체중생희견보살과
한 **일**	온통 **체**	무리 **중**	날 **생**	기쁠 **희**	볼 **견**	사람 **인**	
妙	音	菩	薩	上	行	意	묘음보살과 상행의보살과
묘할 **묘**	소리 **음**	보리 **보**	보살 **살**	위 **상**	행할 **행**	뜻 **의**	
莊	嚴	王	及	華	德	士	장엄왕보살과 화덕보살과
꾸밀 **장**	엄할 **엄**	임금 **왕**	및 **급**	꽃 **화**	덕 **덕**	선비 **사**	
無	盡	意	與	持	地	人	무진의보살과 지지보살과
없을 **무**	다할 **진**	뜻 **의**	더불어 **여**	가질 **지**	땅 **지**	사람 **인**	

光	照	莊	嚴	藥	王	尊		광조장엄상보살과 약왕보살과
빛 광	비칠 조	꾸밀 장	엄할 엄	약 약	임금 왕	높을 존		
藥	上	菩	薩	普	賢	尊		약상보살과 보현보살은
약 약	위 상	보리 보	보살 살	넓을 보	어질 현	높을 존		
常	隨	三	世	十	方	佛		시방삼세 부처님을 항상 함께 따르나니
항상 상	따를 수	석 삼	세상 세	열 십(시)	방위 방	부처 불		
日	月	燈	明	燃	燈	佛		일월등명부처님 연등부처님
해 일	달 월	등불 등	밝을 명	탈 연	등불 등	부처 불		
大	通	智	勝	如	來	佛		대통지승여래부처님과
큰 대	통할 통	슬기 지	수승할 승	같을 여	올 래	부처 불		
阿	閦	佛	及	須	彌	頂		아촉부처님과 수미정부처님과
언덕 아	무리 축(촉)	부처 불	및 급	모름지기 수	두루 미	정수리 정		
獅	子	音	佛	獅	子	相		사자음부처님과 사자상부처님과
사자 사	아들 자	소리 음	부처 불	사자 사	아들 자	모양 상		
虛	空	住	佛	常	滅	佛		허공주부처님과 상멸부처님과
빌 허	빌 공	살 주	부처 불	항상 상	꺼질 멸	부처 불		
帝	相	佛	與	梵	相	佛		제상부처님과 범상부처님과
임금 제	모양 상	부처 불	더불어 여	하늘 범	모양 상	부처 불		

阿	彌	陀	佛	度	苦	惱	아미타부처님과 도고뇌부처님과
언덕 **아**	두루 **미**	비탈질 **타**	부처 **불**	법도 **도**	괴로울 **고**	번뇌할 **뇌**	
多	摩	羅	佛	須	彌	相	다마라부처님과 수미상부처님과
많을 **다**	갈 **마**	그물 **라**	부처 **불**	모름지기 **수**	두루 **미**	모양 **상**	
雲	自	在	佛	自	在	王	운자재부처님과 자재왕부처님과
구름 **운**	스스로 **자**	있을 **재**	부처 **불**	스스로 **자**	있을 **재**	임금 **왕**	
壞	怖	畏	佛	多	寶	佛	괴포외부처님과 다보부처님과
무너질 **괴**	두려워할 **포**	두려워할 **외**	부처 **불**	많을 **다**	보배 **보**	부처 **불**	
威	音	王	佛	日	月	燈	위음왕부처님과 일월등명부처님과
위엄 **위**	소리 **음**	임금 **왕**	부처 **불**	해 **일**	달 **월**	등불 **등**	
雲	自	在	燈	淨	明	德	운자재등부처님과 정명덕부처님과
구름 **운**	스스로 **자**	있을 **재**	등불 **등**	깨끗할 **정**	밝을 **명**	덕 **덕**	
淨	華	宿	王	雲	雷	音	정화수왕부처님과 운뢰음왕부처님과
깨끗할 **정**	꽃 **화**	별자리 **수**	임금 **왕**	구름 **운**	우레 **뢰**	소리 **음**	
雲	雷	音	宿	王	華	智	운뢰음수왕화지부처님과
구름 **운**	우레 **뢰**	소리 **음**	별자리 **수**	임금 **왕**	꽃 **화**	슬기 **지**	
寶	威	德	上	王	如	來	보위덕상왕여래 등
보배 **보**	위엄 **위**	덕 **덕**	위 **상**	임금 **왕**	같을 **여**	올 **래**	

如	是	諸	佛	諸	菩	薩		이와 같은 모든 부처님과 모든 보살들이
같을 **여**	이 **시**	모두 **제**	부처 **불**	모두 **제**	보리 **보**	보살 **살**		
已	今	當	來	說	妙	法		과거와 현재와 미래에 묘법을 설하시니
이미 **이**	이제 **금**	당할 **당**	올 **래**	말씀 **설**	묘할 **묘**	법 **법**		
於	此	法	會	與	十	方		이 법회와 시방세계 대중들이
어조사 **어**	이 **차**	법 **법**	모일 **회**	더불어 **여**	열 **십(시)**	방위 **방**		
常	隨	釋	迦	牟	尼	佛		석가모니 부처님을 항상 따라 배우고자
항상 **상**	따를 **수**	풀 **석**	부처이름 **가**	소우는소리 **모**	여승 **니**	부처 **불**		
雲	集	相	從	法	會	中		운집하여 서로 따라 법회 중에 함께하여
구름 **운**	모을 **집**	서로 **상**	좇을 **종**	법 **법**	모일 **회**	가운데 **중**		
漸	頓	身	子	龍	女	等		점법과 돈법으로 사리불과 용녀로다.
점점 **점**	조아릴 **돈**	몸 **신**	아들 **자**	용 **용**	여자 **녀**	무리 **등**		
一	雨	等	澍	諸	樹	草		같은 비가 모든 수초에 동등하게 내리듯이
한 **일**	비 **우**	같을 **등**	단비 **주**	모두 **제**	나무 **수**	풀 **초**		
序	品	方	便	譬	喩	品		서품과 방편품과 비유품이며
차례 **서**	가지 **품**	처방 **방**	편할 **편**	비유할 **비**	비유할 **유**	가지 **품**		
信	解	藥	草	授	記	品		신해품과 약초유품과 수기품과
믿을 **신**	풀 **해**	약 **약**	풀 **초**	줄 **수**	기록할 **기**	가지 **품**		

化	城	喩	品	五	百	第		화성유품과 오백제자수기품과
될 **화**	성 **성**	비유할 **유**	가지 **품**	다섯 **오**	일백 **백**	차례 **제**		
授	學	無	學	人	記	品		수학무학인기품과
줄 **수**	배울 **학**	없을 **무**	배울 **학**	사람 **인**	기록할 **기**	가지 **품**		
法	師	品	與	見	寶	塔		법사품과 견보탑품과
법 **법**	스승 **사**	가지 **품**	더불어 **여**	볼 **견**	보배 **보**	탑 **탑**		
提	婆	達	多	與	持	品		제바달다품과 권지품과
끌 **제**	할미 **파(바)**	통달할 **달**	많을 **다**	더불어 **여**	가질 **지**	가지 **품**		
安	樂	行	品	從	地	踊		안락행품과 종지용출품과
편안할 **안**	즐길 **락**	행할 **행**	가지 **품**	좇을 **종**	땅 **지**	뛸 **용**		
如	來	壽	量	分	別	功		여래수량품과 분별공덕품과
같을 **여**	올 **래**	목숨 **수**	헤아릴 **량**	나눌 **분**	나눌 **별**	공 **공**		
隨	喜	功	德	法	師	功		수희공덕품과 법사공덕품과
따를 **수**	기쁠 **희**	공 **공**	덕 **덕**	법 **법**	스승 **사**	공 **공**		
常	不	輕	品	神	力	品		상불경보살품과 여래신력품과
항상 **상**	아닐 **불**	가벼울 **경**	가지 **품**	신통할 **신**	힘 **력**	가지 **품**		
囑	累	藥	王	本	事	品		촉루품과 약왕보살본사품과
부탁할 **촉**	여러 **루**	약 **약**	임금 **왕**	근본 **본**	일 **사**	가지 **품**		

妙	音	觀	音	普	門	品	묘음보살품과 관세음보살보문품과
묘할 묘	소리 음	볼 관	소리 음	넓을 보	문 문	가지 품	
陀	羅	尼	品	妙	莊	嚴	다라니품과 묘장엄왕본사품과
비탈질 타(다)	그물 라	여승 니	가지 품	묘할 묘	꾸밀 장	엄할 엄	
普	賢	菩	薩	勸	發	品	보현보살권발품까지
넓을 보	어질 현	보리 보	보살 살	권할 권	필 발	가지 품	
二	十	八	品	圓	滿	教	이십팔품으로써 원만한 교설이더라.
두 이	열 십	여덟 팔	가지 품	둥글 원	찰 만	가르칠 교	
是	爲	一	乘	妙	法	門	이것이 곧 일승묘법의 법문으로
이 시	될 위	한 일	탈 승	묘할 묘	법 법	문 문	
支	品	別	偈	皆	具	足	가지가 되는 품과 게송들이 모두 다 구족하니
가를 지	가지 품	나눌 별	게송 게	다 개	갖출 구	족할 족	
讀	誦	受	持	信	解	人	독송하고 수지하고 신해하는 사람들은
읽을 독	외울 송	받을 수	가질 지	믿을 신	풀 해	사람 인	
從	佛	口	生	佛	衣	覆	부처님 말씀 듣고 출생하니 부처님이 옷으로 덮어 주며
좇을 종	부처 불	입 구	날 생	부처 불	옷 의	덮을 부	
普	賢	菩	薩	來	守	護	보현보살 다가와서 그를 수호하여 주고
넓을 보	어질 현	보리 보	보살 살	올 내	지킬 수	도울 호	

魔	鬼	諸	惱	皆	消	除	
마귀 **마**	귀신 **귀**	모두 **제**	번뇌할 **뇌**	다 **개**	사라질 **소**	덜 **제**	마귀들의 괴롭힘은 한결같이 사라지고
不	貪	世	間	心	意	直	
아닐 **불**	탐할 **탐**	세상 **세**	사이 **간**	마음 **심**	뜻 **의**	곧을 **직**	세간사에 탐착 않고 마음과 뜻 올곧으며
有	正	憶	念	有	福	德	
있을 **유**	바를 **정**	억 **억**	생각 **념**	있을 **유**	복 **복**	덕 **덕**	올바르게 기억하면 그 복덕이 한량없고
忘	失	句	偈	令	通	利	
잊을 **망**	잃을 **실**	글귀 **구**	게송 **게**	하여금 **영**	통할 **통**	날카로울 **리**	잊고 있던 구절 게송 생생하게 떠오르고
不	久	當	詣	道	場	中	
아닐 **불**	오랠 **구**	당할 **당**	이를 **예**	길 **도**	마당 **장(량)**	가운데 **중**	머지않아 법화회상 도량 중에 나아가서
得	大	菩	提	轉	法	輪	
얻을 **득**	큰 **대**	보리 **보**	끌 **제(리)**	구를 **전**	법 **법**	바퀴 **륜**	큰 깨달음을 얻게 되고 묘법륜을 굴리나니
是	故	見	者	如	敬	佛	
이 **시**	연고 **고**	볼 **견**	사람 **자**	같을 **여**	공경 **경**	부처 **불**	그러므로 만나는 이는 부처님과 같이 공경하네.
南	無	妙	法	蓮	華	經	
나무 **나**	없을 **무**	묘할 **묘**	법 **법**	연꽃 **연**	꽃 **화**	글 **경**	나무묘법연화경
靈	山	會	上	佛	菩	薩	
신령 **영**	뫼 **산**	모일 **회**	위 **상**	부처 **불**	보리 **보**	보살 **살**	영산회상불보살

一	乘	妙	法	蓮	華	經		일승묘법연화경
한 **일**	탈 **승**	묘할 **묘**	법 **법**	연꽃 **연**	꽃 **화**	글 **경**		
寶	藏	菩	薩	略	纂	偈		보장보살약찬게.
보배 **보**	감출 **장**	보리 **보**	보살 **살**	간략할 **약**	모을 **찬**	게송 **게**		

〈사경 5회〉

法	華	經	略	纂	偈
법 **법**	꽃 **화**	글 **경**	간략할 **약**	모을 **찬**	게송 **게**

一	乘	妙	法	蓮	華	經	일승묘법연화경
한 **일**	탈 **승**	묘할 **묘**	법 **법**	연꽃 **연**	꽃 **화**	글 **경**	
寶	藏	菩	薩	略	纂	偈	보장보살약찬게
보배 **보**	감출 **장**	보리 **보**	보살 **살**	간략할 **약**	모을 **찬**	게송 **게**	
南	無	華	藏	世	界	海	화장장엄 세계바다
나무 **나**	없을 **무**	꽃 **화**	감출 **장**	세상 **세**	경계 **계**	바다 **해**	
王	舍	城	中	耆	闍	崛	왕사성 중 기사굴 산중에
임금 **왕**	집 **사**	성 **성**	가운데 **중**	늙을 **기**	사리 **사**	우뚝 솟을 **굴**	
常	住	不	滅	釋	迦	尊	상주하여 계시옵는 석가모니 부처님과
항상 **상**	살 **주**	아닐 **불**	멸할 **멸**	풀 **석**	부처 이름 **가**	높을 **존**	
十	方	三	世	一	切	佛	시방삼세 일체 부처님과
열 **십(시)**	방위 **방**	석 **삼**	세상 **세**	한 **일**	온통 **체**	부처 **불**	
種	種	因	緣	方	便	道	가지가지 인연들과 방편도로써
종류 **종**	종류 **종**	인할 **인**	인연 **연**	처방 **방**	편할 **편**	길 **도**	

恒	轉	一	乘	妙	法	輪	영원토록 굴리시는 일승묘법 법륜에 귀의합니다.
항상 **항**	구를 **전**	한 **일**	탈 **승**	묘할 **묘**	법 **법**	바퀴 **륜**	
與	比	丘	衆	萬	二	千	청법 대중은 일만이천 비구들로서
더불어 **여**	견줄 **비**	언덕 **구**	무리 **중**	일만 **만**	두 **이**	일천 **천**	
漏	盡	自	在	阿	羅	漢	번뇌가 다하고 자재한 아라한들과
번뇌 **누**	다할 **진**	스스로 **자**	있을 **재**	언덕 **아**	그물 **라**	한나라 **한**	
阿	若	憍	陳	大	迦	葉	아야교진여와 마하가섭과
언덕 **아**	반야 **야**	교만할 **교**	베풀 **진**	큰 **대**	부처이름 **가**	땅 이름 **섭**	
優	樓	頻	螺	及	伽	耶	우루빈나가섭과 가야가섭과
넉넉할 **우**	다락 **루**	자주 **빈**	소라 **나**	및 **급**	절 **가**	어조사 **야**	
那	提	迦	葉	舍	利	弗	나제가섭과 사리불과
어찌 **나**	끌 **제**	부처이름 **가**	땅 이름 **섭**	집 **사**	이로울 **리**	아닐 **불**	
大	目	犍	連	迦	旃	延	대목건련과 가전연과
큰 **대**	눈 **목**	불친소 **건**	잇닿을 **련**	부처이름 **가**	기 **전**	늘일 **연**	
阿	㝹	樓	馱	劫	賓	那	아누루타와 겁빈나와
언덕 **아**	토끼새끼 **누**	다락 **루**	실을 **타**	겁 **겁**	손 **빈**	어찌 **나**	
憍	梵	波	提	離	婆	多	교범바제와 이바다와
교만할 **교**	하늘 **범**	물결 **파(바)**	끌 **제**	떠날 **이**	할미 **파(바)**	많을 **다**	

畢	陵	伽	婆	薄	拘	羅	필릉가바차와 박구라와
마칠 **필**	언덕 **릉**	절 **가**	할미 **파(바)**	엷을 **박**	잡을 **구**	그물 **라**	
摩	訶	俱	絺	羅	難	陀	마하구치라와 난타와
갈 **마**	꾸짖을 **하**	함께 **구**	칡베 **치**	그물 **라**	어려울 **난**	비탈질 **타**	
孫	陀	羅	與	富	樓	那	손타라와 부루나와
손자 **손**	비탈질 **타**	그물 **라**	더불어 **여**	부유할 **부**	다락 **루**	어찌 **나**	
須	菩	提	者	與	阿	難	수보리와 아난다와
모름지기 **수**	보리 **보**	끌 **제(리)**	사람 **자**	더불어 **여**	언덕 **아**	어려울 **난**	
羅	睺	羅	等	大	比	丘	라후라 등 큰 비구스님들과
그물 **라**	애꾸눈 **후**	그물 **라**	무리 **등**	큰 **대**	견줄 **비**	언덕 **구**	
摩	訶	波	闍	波	提	及	마하파사파제와
갈 **마**	꾸짖을 **하**	물결 **파**	사리 **사**	물결 **파**	끌 **제**	및 **급**	
羅	睺	羅	母	耶	輸	陀	라후라의 모친으로 야수다라와
그물 **라**	애꾸눈 **후**	그물 **라**	어머니 **모**	어조사 **야**	보낼 **수**	비탈질 **타(다)**	
比	丘	尼	等	二	千	人	비구니들 이천 권속과
견줄 **비**	언덕 **구**	여승 **니**	무리 **등**	두 **이**	일천 **천**	사람 **인**	
摩	訶	薩	衆	八	萬	人	보살마하살 대중 팔만인으로
갈 **마**	꾸짖을 **하**	보살 **살**	무리 **중**	여덟 **팔**	일만 **만**	사람 **인**	

文	殊	師	利	觀	世	音	문수사리보살과 관세음보살과
글월 문	다를 수	스승 사	이로울 리	볼 관	세상 세	소리 음	
得	大	勢	與	常	精	進	득대세보살과 상정진보살과
얻을 득	큰 대	형세 세	더불어 여	항상 상	정할 정	나아갈 진	
不	休	息	及	寶	掌	士	불휴식보살과 보장보살과
아닐 불	쉴 휴	쉴 식	및 급	보배 보	손바닥 장	선비 사	
藥	王	勇	施	及	寶	月	약왕보살과 용시보살과 보월보살과
약 약	임금 왕	날랠 용	베풀 시	및 급	보배 보	달 월	
月	光	滿	月	大	力	人	월광보살과 만월보살과 대력보살과
달 월	빛 광	찰 만	달 월	큰 대	힘 력	사람 인	
無	量	力	與	越	三	界	무량력보살과 월삼계보살과
없을 무	헤아릴 량	힘 력	더불어 여	넘을 월	석 삼	경계 계	
跋	陀	婆	羅	彌	勒	尊	발타바라보살과 미륵보살과
밟을 발	비탈질 타	할미 파(바)	그물 라	두루 미	굴레 륵	높을 존	
寶	積	導	師	諸	菩	薩	보적보살과 도사보살 등 여러 보살과
보배 보	쌓을 적	인도할 도	스승 사	모두 제	보리 보	보살 살	
釋	提	桓	因	月	天	子	석제환인과 명월천자와
풀 석	끌 제	굳셀 환	인할 인	달 월	하늘 천	아들 자	

普	香	寶	光	四	天	王	보향천자와 보광천자 등 사대천왕과
넓을 **보**	향기 **향**	보배 **보**	빛 **광**	넉 **사**	하늘 **천**	임금 **왕**	
自	在	天	子	大	自	在	자재천자와 대자재천자와
스스로 **자**	있을 **재**	하늘 **천**	아들 **자**	큰 **대**	스스로 **자**	있을 **재**	
娑	婆	界	主	梵	天	王	사바세계 주인이신 범천왕과
춤출 **사**	할미 **파(바)**	경계 **계**	주인 **주**	하늘 **범**	하늘 **천**	임금 **왕**	
尸	棄	大	梵	光	明	梵	시기대범천왕과 광명대범천왕과
주검 **시**	버릴 **기**	큰 **대**	하늘 **범**	빛 **광**	밝을 **명**	하늘 **범**	
難	陀	龍	王	跋	難	陀	난타용왕과 발난타용왕과
어려울 **난**	비탈질 **타**	용 **용**	임금 **왕**	밟을 **발**	어려울 **난**	비탈질 **타**	
娑	伽	羅	王	和	修	吉	사가라용왕과 화수길용왕과
춤출 **사**	절 **가**	그물 **라**	임금 **왕**	화할 **화**	닦을 **수**	길할 **길**	
德	叉	阿	那	婆	達	多	덕차가용왕과 아나바달다용왕과
덕 **덕**	갈래 **차**	언덕 **아**	어찌 **나**	할미 **파(바)**	통달할 **달**	많을 **다**	
摩	那	斯	龍	優	鉢	羅	마나사용왕과 우발라용왕과
갈 **마**	어찌 **나**	이 **사**	용 **용**	넉넉할 **우**	바리때 **발**	그물 **라**	
法	緊	那	羅	妙	法	王	법긴나라왕과 묘법긴나라왕과
법 **법**	긴할 **긴**	어찌 **나**	그물 **라**	묘할 **묘**	법 **법**	임금 **왕**	

大	法	緊	那	持	法	王	대법긴나라왕과 지법긴나라왕과
큰 대	법 법	긴할 긴	어찌 나	가질 지	법 법	임금 왕	
樂	乾	闥	婆	樂	音	王	악건달바왕과 악음건달바왕과
노래 악	하늘 건	문 달	할미 파(바)	노래 악	소리 음	임금 왕	
美	乾	闥	婆	美	音	王	미건달바왕과 미음건달바왕과
아름다울 미	하늘 건	문 달	할미 파(바)	아름다울 미	소리 음	임금 왕	
婆	雉	佉	羅	騫	馱	王	바치아수라왕과 거라건타아수라왕과
할미 파(바)	꿩 치	나라 이름 거	그물 라	이지러질 건	실을 타	임금 왕	
毘	摩	質	多	羅	修	羅	비마질다라아수라왕과
도울 비	갈 마	바탕 질	많을 다	그물 라	닦을 수	그물 라	
羅	睺	阿	修	羅	王	等	라후아수라왕 등과
그물 라	애꾸눈 후	언덕 아	닦을 수	그물 라	임금 왕	무리 등	
大	德	迦	樓	大	身	王	대위덕가루라왕과 대신가루라왕과
큰 대	덕 덕	부처 이름 가	다락 루	큰 대	몸 신	임금 왕	
大	滿	迦	樓	如	意	王	대만가루라왕과 여의가루라왕과
큰 대	찰 만	부처이름 가	다락 루	같을 여	뜻 의	임금 왕	
韋	提	希	子	阿	闍	世	위제희의 아들 아사세왕 등
가죽 위	끌 제	바랄 희	아들 자	언덕 아	사리 사	세상 세	

各	與	若	干	百	千	人
각각 각	더불어 여	같을 약	방패 간	일백 백	일천 천	사람 인
佛	爲	說	經	無	量	義
부처 불	할 위	말씀 설	글 경	없을 무	헤아릴 량	뜻 의
無	量	義	處	三	昧	中
없을 무	헤아릴 량	옳을 의	곳 처	석 삼	어두울 매	가운데 중
天	雨	四	華	地	六	震
하늘 천	비 우	넉 사	꽃 화	땅 지	여섯 육	우레 진
四	衆	八	部	人	非	人
넉 사	무리 중	여덟 팔	거느릴 부	사람 인	아닐 비	사람 인
及	諸	小	王	轉	輪	王
및 급	모두 제	작을 소	임금 왕	구를 전	바퀴 륜	임금 왕
諸	大	衆	得	未	曾	有
모두 제	큰 대	무리 중	얻을 득	아닐 미	일찍 증	있을 유
歡	喜	合	掌	心	觀	佛
기쁠 환	기쁠 희	합할 합	손바닥 장	마음 심	볼 관	부처 불
佛	放	眉	間	白	毫	光
부처 불	놓을 방	눈썹 미	사이 간	흰 백	터럭 호	빛 광

각각 무수한
백천 대중들이 모여서

석가모니 부처님이
무량의경을 설하시고

무량의처삼매 중에
드시니

하늘에서는 네가지 꽃이 비 내리고
땅에서는 여섯 가지로 진동하고

사부대중과 천룡팔부와
사람인 듯 사람 아닌 듯한 이들과

작은 나라 왕들과
전륜왕과

모든 대중들이
미증유를 얻어서

환희하여 합장하고
부처님을 바라보네.

부처님이 미간백호에서
광명을 놓아

光	照	東	方	萬	八	千	동방으로 일만팔천 세계를 비추시니
빛 광	비칠 조	동녘 동	방위 방	일만 만	여덟 팔	일천 천	
下	至	阿	鼻	上	阿	迦	아래로는 아비지옥과 위로는 아가니타천까지
아래 하	이를 지	언덕 아	코 비	위 상	언덕 아	부처 이름 가	
衆	生	諸	佛	及	菩	薩	중생들과 부처님과 보살들까지라
무리 중	날 생	모두 제	부처 불	및 급	보리 보	보살 살	
種	種	修	行	佛	說	法	갖가지로 수행하고 설법하고
종류 종	종류 종	닦을 수	행할 행	부처 불	말씀 설	법 법	
涅	槃	起	塔	此	悉	見	열반하고 탑 세우는 모든 사실들을 보았어라.
개흙 열	쟁반 반	일어날 기	탑 탑	이 차	다 실	볼 견	
大	衆	疑	念	彌	勒	問	대중들이 의심하여 미륵보살이 질문하니
큰 대	무리 중	의심할 의	생각 념	두루 미	굴레 륵	물을 문	
文	殊	師	利	爲	決	疑	문수사리보살이 의심을 풀어 대답하되
글월 문	다를 수	스승 사	이로울 리	위할 위	끊을 결	의심할 의	
我	於	過	去	見	此	瑞	내가 과거 무량겁에 이런 상서 보았는데
나 아	어조사 어	지날 과	갈 거	볼 견	이 차	상서 서	
卽	說	妙	法	汝	當	知	묘한 법을 설했나니 그대들은 마땅히 알라.
곧 즉	말씀 설	묘할 묘	법 법	너 여	마땅 당	알 지	

時	有	日	月	燈	明	佛	그 당시에 일월등명 부처님이 계시어서
때 **시**	있을 **유**	해 **일**	달 **월**	등불 **등**	밝을 **명**	부처 **불**	
爲	說	正	法	初	中	後	바른 법을 설하시매 처음 중간 마지막이
할 **위**	말씀 **설**	바를 **정**	법 **법**	처음 **초**	가운데 **중**	뒤 **후**	
純	一	無	雜	梵	行	相	순일하여 잡됨 없고 깨끗한 행 갖췄으니
순수할 **순**	한 **일**	없을 **무**	섞일 **잡**	하늘 **범**	행할 **행**	모양 **상**	
說	應	諦	緣	六	度	法	사제와 십이인연과 육바라밀 설하시어
말씀 **설**	응당 **응**	진리 **제**	인연 **연**	여섯 **육**	법도 **도**	법 **법**	
令	得	阿	耨	菩	提	智	아뇩보리 일체종지 모두 얻게 하시나니
하여금 **영**	얻을 **득**	언덕 **아**	김맬 **누(뇩)**	보리 **보**	끌 **제(리)**	슬기 **지**	
如	是	二	萬	皆	同	名	이와 같은 이만 명의 일월등명 부처님
같을 **여**	이 **시**	두 **이**	일만 **만**	다 **개**	한가지 **동**	이름 **명**	
最	後	八	子	爲	法	師	마지막 여덟 왕자 모두 법사 되었으니
가장 **최**	뒤 **후**	여덟 **팔**	아들 **자**	될 **위**	법 **법**	스승 **사**	
是	時	六	瑞	皆	如	是	그때에도 여섯 상서 모두 그와 같았어라.
이 **시**	때 **시**	여섯 **육**	상서 **서**	다 **개**	같을 **여**	이 **시**	
妙	光	菩	薩	求	名	尊	묘광보살과 구명보살이
묘할 **묘**	빛 **광**	보리 **보**	보살 **살**	구할 **구**	이름 **명**	높을 **존**	

文	殊	彌	勒	豈	異	人		문수보살과 미륵보살이더라.
글월 문	다를 수	두루 미	굴레 륵	어찌 기	다를 이	사람 인		
德	藏	堅	滿	大	樂	說		덕장보살 견만보살 대요설보살이며
덕 덕	감출 장	굳을 견	찰 만	큰 대	좋아할 요	말씀 설		
智	積	上	行	無	邊	行		지적보살 상행보살 무변행보살이라
슬기 지	쌓을 적	위 상	행할 행	없을 무	가 변	행할 행		
淨	行	菩	薩	安	立	行		정행보살과 안립행보살과
깨끗할 정	행할 행	보리 보	보살 살	편안 안	설 립	행할 행		
常	不	輕	士	宿	王	華		상불경보살과 수왕화보살이며
항상 상	아닐 불	가벼울 경	선비 사	별자리 수	임금 왕	꽃 화		
一	切	衆	生	喜	見	人		일체중생희견보살과
한 일	온통 체	무리 중	날 생	기쁠 희	볼 견	사람 인		
妙	音	菩	薩	上	行	意		묘음보살과 상행의보살과
묘할 묘	소리 음	보리 보	보살 살	위 상	행할 행	뜻 의		
莊	嚴	王	及	華	德	士		장엄왕보살과 화덕보살과
꾸밀 장	엄할 엄	임금 왕	및 급	꽃 화	덕 덕	선비 사		
無	盡	意	與	持	地	人		무진의보살과 지지보살과
없을 무	다할 진	뜻 의	더불어 여	가질 지	땅 지	사람 인		

光	照	莊	嚴	藥	王	尊	광조장엄상보살과 약왕보살과
빛 **광**	비칠 **조**	꾸밀 **장**	엄할 **엄**	약 **약**	임금 **왕**	높을 **존**	
藥	上	菩	薩	普	賢	尊	약상보살과 보현보살은
약 **약**	위 **상**	보리 **보**	보살 **살**	넓을 **보**	어질 **현**	높을 **존**	
常	隨	三	世	十	方	佛	시방삼세 부처님을 항상 함께 따르나니
항상 **상**	따를 **수**	석 **삼**	세상 **세**	열 **십(시)**	방위 **방**	부처 **불**	
日	月	燈	明	燃	燈	佛	일월등명부처님 연등부처님
해 **일**	달 **월**	등불 **등**	밝을 **명**	탈 **연**	등불 **등**	부처 **불**	
大	通	智	勝	如	來	佛	대통지승여래부처님과
큰 **대**	통할 **통**	슬기 **지**	수승할 **승**	같을 **여**	올 **래**	부처 **불**	
阿	閦	佛	及	須	彌	頂	아촉부처님과 수미정부처님과
언덕 **아**	무리 **축(촉)**	부처 **불**	및 **급**	모름지기 **수**	두루 **미**	정수리 **정**	
獅	子	音	佛	獅	子	相	사자음부처님과 사자상부처님과
사자 **사**	아들 **자**	소리 **음**	부처 **불**	사자 **사**	아들 **자**	모양 **상**	
虛	空	住	佛	常	滅	佛	허공주부처님과 상멸부처님과
빌 **허**	빌 **공**	살 **주**	부처 **불**	항상 **상**	꺼질 **멸**	부처 **불**	
帝	相	佛	與	梵	相	佛	제상부처님과 범상부처님과
임금 **제**	모양 **상**	부처 **불**	더불어 **여**	하늘 **범**	모양 **상**	부처 **불**	

阿	彌	陀	佛	度	苦	惱	아미타부처님과 도고뇌부처님과
언덕 **아**	두루 **미**	비탈질 **타**	부처 **불**	법도 **도**	괴로울 **고**	번뇌할 **뇌**	
多	摩	羅	佛	須	彌	相	다마라부처님과 수미상부처님과
많을 **다**	갈 **마**	그물 **라**	부처 **불**	모름지기 **수**	두루 **미**	모양 **상**	
雲	自	在	佛	自	在	王	운자재부처님과 자재왕부처님과
구름 **운**	스스로 **자**	있을 **재**	부처 **불**	스스로 **자**	있을 **재**	임금 **왕**	
壞	怖	畏	佛	多	寶	佛	괴포외부처님과 다보부처님과
무너질 **괴**	두려워할 **포**	두려워할 **외**	부처 **불**	많을 **다**	보배 **보**	부처 **불**	
威	音	王	佛	日	月	燈	위음왕부처님과 일월등명부처님과
위엄 **위**	소리 **음**	임금 **왕**	부처 **불**	해 **일**	달 **월**	등불 **등**	
雲	自	在	燈	淨	明	德	운자재등부처님과 정명덕부처님과
구름 **운**	스스로 **자**	있을 **재**	등불 **등**	깨끗할 **정**	밝을 **명**	덕 **덕**	
淨	華	宿	王	雲	雷	音	정화수왕부처님과 운뢰음왕부처님과
깨끗할 **정**	꽃 **화**	별자리 **수**	임금 **왕**	구름 **운**	우레 **뢰**	소리 **음**	
雲	雷	音	宿	王	華	智	운뢰음수왕화지부처님과
구름 **운**	우레 **뢰**	소리 **음**	별자리 **수**	임금 **왕**	꽃 **화**	슬기 **지**	
寶	威	德	上	王	如	來	보위덕상왕여래 등
보배 **보**	위엄 **위**	덕 **덕**	위 **상**	임금 **왕**	같을 **여**	올 **래**	

如	是	諸	佛	諸	菩	薩	이와 같은 모든 부처님과 모든 보살들이
같을 **여**	이 **시**	모두 **제**	부처 **불**	모두 **제**	보리 **보**	보살 **살**	
已	今	當	來	說	妙	法	과거와 현재와 미래에 묘법을 설하시니
이미 **이**	이제 **금**	당할 **당**	올 **래**	말씀 **설**	묘할 **묘**	법 **법**	
於	此	法	會	與	十	方	이 법회와 시방세계 대중들이
어조사 **어**	이 **차**	법 **법**	모일 **회**	더불어 **여**	열 **십(시)**	방위 **방**	
常	隨	釋	迦	牟	尼	佛	석가모니 부처님을 항상 따라 배우고자
항상 **상**	따를 **수**	풀 **석**	부처이름 **가**	소우는소리 **모**	여승 **니**	부처 **불**	
雲	集	相	從	法	會	中	운집하여 서로 따라 법회 중에 함께하여
구름 **운**	모을 **집**	서로 **상**	좇을 **종**	법 **법**	모일 **회**	가운데 **중**	
漸	頓	身	子	龍	女	等	점법과 돈법으로 사리불과 용녀로다.
점점 **점**	조아릴 **돈**	몸 **신**	아들 **자**	용 **용**	여자 **녀**	무리 **등**	
一	雨	等	澍	諸	樹	草	같은 비가 모든 수초에 동등하게 내리듯이
한 **일**	비 **우**	같을 **등**	단비 **주**	모두 **제**	나무 **수**	풀 **초**	
序	品	方	便	譬	喩	品	서품과 방편품과 비유품이며
차례 **서**	가지 **품**	처방 **방**	편할 **편**	비유할 **비**	비유할 **유**	가지 **품**	
信	解	藥	草	授	記	品	신해품과 약초유품과 수기품과
믿을 **신**	풀 **해**	약 **약**	풀 **초**	줄 **수**	기록할 **기**	가지 **품**	

化	城	喩	品	五	百	第		화성유품과 오백제자수기품과
될 **화**	성 **성**	비유할 **유**	가지 **품**	다섯 **오**	일백 **백**	차례 **제**		
授	學	無	學	人	記	品		수학무학인기품과
줄 **수**	배울 **학**	없을 **무**	배울 **학**	사람 **인**	기록할 **기**	가지 **품**		
法	師	品	與	見	寶	塔		법사품과 견보탑품과
법 **법**	스승 **사**	가지 **품**	더불어 **여**	볼 **견**	보배 **보**	탑 **탑**		
提	婆	達	多	與	持	品		제바달다품과 권지품과
끌 **제**	할미 **파(바)**	통달할 **달**	많을 **다**	더불어 **여**	가질 **지**	가지 **품**		
安	樂	行	品	從	地	踊		안락행품과 종지용출품과
편안할 **안**	즐길 **락**	행할 **행**	가지 **품**	좇을 **종**	땅 **지**	뛸 **용**		
如	來	壽	量	分	別	功		여래수량품과 분별공덕품과
같을 **여**	올 **래**	목숨 **수**	헤아릴 **량**	나눌 **분**	나눌 **별**	공 **공**		
隨	喜	功	德	法	師	功		수희공덕품과 법사공덕품과
따를 **수**	기쁠 **희**	공 **공**	덕 **덕**	법 **법**	스승 **사**	공 **공**		
常	不	輕	品	神	力	品		상불경보살품과 여래신력품과
항상 **상**	아닐 **불**	가벼울 **경**	가지 **품**	신통할 **신**	힘 **력**	가지 **품**		
囑	累	藥	王	本	事	品		촉루품과 약왕보살본사품과
부탁할 **촉**	여러 **루**	약 **약**	임금 **왕**	근본 **본**	일 **사**	가지 **품**		

妙	音	觀	音	普	門	品	묘음보살품과 관세음보살보문품과
묘할 묘	소리 음	볼 관	소리 음	넓을 보	문 문	가지 품	
陀	羅	尼	品	妙	莊	嚴	다라니품과 묘장엄왕본사품과
비탈질 타(대)	그물 라	여승 니	가지 품	묘할 묘	꾸밀 장	엄할 엄	
普	賢	菩	薩	勸	發	品	보현보살권발품까지
넓을 보	어질 현	보리 보	보살 살	권할 권	필 발	가지 품	
二	十	八	品	圓	滿	敎	이십팔품으로써 원만한 교설이더라.
두 이	열 십	여덟 팔	가지 품	둥글 원	찰 만	가르칠 교	
是	爲	一	乘	妙	法	門	이것이 곧 일승묘법의 법문으로
이 시	될 위	한 일	탈 승	묘할 묘	법 법	문 문	
支	品	別	偈	皆	具	足	가지가 되는 품과 게송들이 모두 다 구족하니
가를 지	가지 품	나눌 별	게송 게	다 개	갖출 구	족할 족	
讀	誦	受	持	信	解	人	독송하고 수지하고 신해하는 사람들은
읽을 독	외울 송	받을 수	가질 지	믿을 신	풀 해	사람 인	
從	佛	口	生	佛	衣	覆	부처님 말씀 듣고 출생하니 부처님이 옷으로 덮어 주며
좇을 종	부처 불	입 구	날 생	부처 불	옷 의	덮을 부	
普	賢	菩	薩	來	守	護	보현보살 다가와서 그를 수호하여 주고
넓을 보	어질 현	보리 보	보살 살	올 내	지킬 수	도울 호	

魔	鬼	諸	惱	皆	消	除	마귀들의 괴롭힘은 한결같이 사라지고
마귀 **마**	귀신 **귀**	모두 **제**	번뇌할 **뇌**	다 **개**	사라질 **소**	덜 **제**	
不	貪	世	間	心	意	直	세간사에 탐착 않고 마음과 뜻 올곧으며
아닐 **불**	탐할 **탐**	세상 **세**	사이 **간**	마음 **심**	뜻 **의**	곧을 **직**	
有	正	億	念	有	福	德	올바르게 기억하면 그 복덕이 한량없고
있을 **유**	바를 **정**	억 **억**	생각 **념**	있을 **유**	복 **복**	덕 **덕**	
忘	失	句	偈	令	通	利	잊고 있던 구절 게송 생생하게 떠오르고
잊을 **망**	잃을 **실**	글귀 **구**	게송 **게**	하여금 **영**	통할 **통**	날카로울 **리**	
不	久	當	詣	道	場	中	머지않아 법화회상 도량 중에 나아가서
아닐 **불**	오랠 **구**	당할 **당**	이를 **예**	길 **도**	마당 **장(량)**	가운데 **중**	
得	大	菩	提	轉	法	輪	큰 깨달음을 얻게 되고 묘법륜을 굴리나니
얻을 **득**	큰 **대**	보리 **보**	끌 **제(리)**	구를 **전**	법 **법**	바퀴 **륜**	
是	故	見	者	如	敬	佛	그러므로 만나는 이는 부처님과 같이 공경하네.
이 **시**	연고 **고**	볼 **견**	사람 **자**	같을 **여**	공경 **경**	부처 **불**	
南	無	妙	法	蓮	華	經	나무묘법연화경
나무 **나**	없을 **무**	묘할 **묘**	법 **법**	연꽃 **연**	꽃 **화**	글 **경**	
靈	山	會	上	佛	菩	薩	영산회상불보살
신령 **영**	뫼 **산**	모일 **회**	위 **상**	부처 **불**	보리 **보**	보살 **살**	

一	乘	妙	法	蓮	華	經		일승묘법연화경
한 **일**	탈 **승**	묘할 **묘**	법 **법**	연꽃 **연**	꽃 **화**	글 **경**		
寶	藏	菩	薩	略	纂	偈		보장보살약찬게.
보배 **보**	감출 **장**	보리 **보**	보살 **살**	간략할 **약**	모을 **찬**	계송 **게**		

〈사경 6회〉

法	華	經	略	纂	偈					
법 **법**	꽃 **화**	글 **경**	간략할 **약**	모을 **찬**	게송 **게**					

一	乘	妙	法	蓮	華	經		일승묘법연화경
한 **일**	탈 **승**	묘할 **묘**	법 **법**	연꽃 **연**	꽃 **화**	글 **경**		
寶	藏	菩	薩	略	纂	偈		보장보살약찬게
보배 **보**	감출 **장**	보리 **보**	보살 **살**	간략할 **약**	모을 **찬**	게송 **게**		
南	無	華	藏	世	界	海		화장장엄 세계바다
나무 **나**	없을 **무**	꽃 **화**	감출 **장**	세상 **세**	경계 **계**	바다 **해**		
王	舍	城	中	耆	闍	崛		왕사성 중 기사굴 산중에
임금 **왕**	집 **사**	성 **성**	가운데 **중**	늙을 **기**	사리 **사**	우뚝 솟을 **굴**		
常	住	不	滅	釋	迦	尊		상주하여 계시옵는 석가모니 부처님과
항상 **상**	살 **주**	아닐 **불**	멸할 **멸**	풀 **석**	부처이름 **가**	높을 **존**		
十	方	三	世	一	切	佛		시방삼세 일체 부처님과
열 **십(시)**	방위 **방**	석 **삼**	세상 **세**	한 **일**	온통 **체**	부처 **불**		
種	種	因	緣	方	便	道		가지가지 인연들과 방편도로써
종류 **종**	종류 **종**	인할 **인**	인연 **연**	처방 **방**	편할 **편**	길 **도**		

恒	轉	一	乘	妙	法	輪	영원토록 굴리시는 일승묘법 법륜에 귀의합니다.
항상 **항**	구를 **전**	한 **일**	탈 **승**	묘할 **묘**	법 **법**	바퀴 **륜**	
與	比	丘	衆	萬	二	千	청법 대중은 일만이천 비구들로서
더불어 **여**	견줄 **비**	언덕 **구**	무리 **중**	일만 **만**	두 **이**	일천 **천**	
漏	盡	自	在	阿	羅	漢	번뇌가 다하고 자재한 아라한들과
번뇌 **누**	다할 **진**	스스로 **자**	있을 **재**	언덕 **아**	그물 **라**	한나라 **한**	
阿	若	憍	陳	大	迦	葉	아야교진여와 마하가섭과
언덕 **아**	반야 **야**	교만할 **교**	베풀 **진**	큰 **대**	부처이름 **가**	땅 이름 **섭**	
優	樓	頻	螺	及	伽	耶	우루빈나가섭과 가야가섭과
넉넉할 **우**	다락 **루**	자주 **빈**	소라 **나**	및 **급**	절 **가**	어조사 **야**	
那	提	迦	葉	舍	利	弗	나제가섭과 사리불과
어찌 **나**	끌 **제**	부처이름 **가**	땅 이름 **섭**	집 **사**	이로울 **리**	아닐 **불**	
大	目	犍	連	迦	旃	延	대목건련과 가전연과
큰 **대**	눈 **목**	불친소 **건**	잇닿을 **련**	부처이름 **가**	기 **전**	늘일 **연**	
阿	㝹	樓	馱	劫	賓	那	아누루타와 겁빈나와
언덕 **아**	토끼새끼 **누**	다락 **루**	실을 **타**	겁 **겁**	손 **빈**	어찌 **나**	
憍	梵	波	提	離	婆	多	교범바제와 이바다와
교만할 **교**	하늘 **범**	물결 **파(바)**	끌 **제**	떠날 **이**	할미 **파(바)**	많을 **다**	

畢	陵	伽	婆	薄	拘	羅	필릉가바차와 박구라와
마칠 필	언덕 릉	절 가	할미 파(바)	엷을 박	잡을 구	그물 라	
摩	訶	俱	絺	羅	難	陀	마하구치라와 난타와
갈 마	꾸짖을 하	함께 구	칡베 치	그물 라	어려울 난	비탈질 타	
孫	陀	羅	與	富	樓	那	손타라와 부루나와
손자 손	비탈질 타	그물 라	더불어 여	부유할 부	다락 루	어찌 나	
須	菩	提	者	與	阿	難	수보리와 아난다와
모름지기 수	보리 보	끌 제(리)	사람 자	더불어 여	언덕 아	어려울 난	
羅	睺	羅	等	大	比	丘	라후라 등 큰 비구스님들과
그물 라	애꾸눈 후	그물 라	무리 등	큰 대	견줄 비	언덕 구	
摩	訶	波	闍	波	提	及	마하파사파제와
갈 마	꾸짖을 하	물결 파	사리 사	물결 파	끌 제	및 급	
羅	睺	羅	母	耶	輸	陀	라후라의 모친으로 야수다라와
그물 라	애꾸눈 후	그물 라	어머니 모	어조사 야	보낼 수	비탈질 타(다)	
比	丘	尼	等	二	千	人	비구니들 이천 권속과
견줄 비	언덕 구	여승 니	무리 등	두 이	일천 천	사람 인	
摩	訶	薩	衆	八	萬	人	보살마하살 대중 팔만인으로
갈 마	꾸짖을 하	보살 살	무리 중	여덟 팔	일만 만	사람 인	

文	殊	師	利	觀	世	音	문수사리보살과 관세음보살과
글월 **문**	다를 **수**	스승 **사**	이로울 **리**	볼 **관**	세상 **세**	소리 **음**	
得	大	勢	與	常	精	進	득대세보살과 상정진보살과
얻을 **득**	큰 **대**	형세 **세**	더불어 **여**	항상 **상**	정할 **정**	나아갈 **진**	
不	休	息	及	寶	掌	士	불휴식보살과 보장보살과
아닐 **불**	쉴 **휴**	쉴 **식**	및 **급**	보배 **보**	손바닥 **장**	선비 **사**	
藥	王	勇	施	及	寶	月	약왕보살과 용시보살과 보월보살과
약 **약**	임금 **왕**	날랠 **용**	베풀 **시**	및 **급**	보배 **보**	달 **월**	
月	光	滿	月	大	力	人	월광보살과 만월보살과 대력보살과
달 **월**	빛 **광**	찰 **만**	달 **월**	큰 **대**	힘 **력**	사람 **인**	
無	量	力	與	越	三	界	무량력보살과 월삼계보살과
없을 **무**	헤아릴 **량**	힘 **력**	더불어 **여**	넘을 **월**	석 **삼**	경계 **계**	
跋	陀	婆	羅	彌	勒	尊	발타바라보살과 미륵보살과
밟을 **발**	비탈질 **타**	할미 **파(바)**	그물 **라**	두루 **미**	굴레 **륵**	높을 **존**	
寶	積	導	師	諸	菩	薩	보적보살과 도사보살 등 여러 보살과
보배 **보**	쌓을 **적**	인도할 **도**	스승 **사**	모두 **제**	보리 **보**	보살 **살**	
釋	提	桓	因	月	天	子	석제환인과 명월천자와
풀 **석**	끌 **제**	굳셀 **환**	인할 **인**	달 **월**	하늘 **천**	아들 **자**	

普	香	寶	光	四	天	王	보향천자와 보광천자 등 사대천왕과
넓을 **보**	향기 **향**	보배 **보**	빛 **광**	넉 **사**	하늘 **천**	임금 **왕**	
自	在	天	子	大	自	在	자재천자와 대자재천자와
스스로 **자**	있을 **재**	하늘 **천**	아들 **자**	큰 **대**	스스로 **자**	있을 **재**	
娑	婆	界	主	梵	天	王	사바세계 주인이신 범천왕과
춤출 **사**	할미 **파(바)**	경계 **계**	주인 **주**	하늘 **범**	하늘 **천**	임금 **왕**	
尸	棄	大	梵	光	明	梵	시기대범천왕과 광명대범천왕과
주검 **시**	버릴 **기**	큰 **대**	하늘 **범**	빛 **광**	밝을 **명**	하늘 **범**	
難	陀	龍	王	跋	難	陀	난타용왕과 발난타용왕과
어려울 **난**	비탈질 **타**	용 **용**	임금 **왕**	밟을 **발**	어려울 **난**	비탈질 **타**	
娑	伽	羅	王	和	修	吉	사가라용왕과 화수길용왕과
춤출 **사**	절 **가**	그물 **라**	임금 **왕**	화할 **화**	닦을 **수**	길할 **길**	
德	叉	阿	那	婆	達	多	덕차가용왕과 아나바달다용왕과
덕 **덕**	갈래 **차**	언덕 **아**	어찌 **나**	할미 **파(바)**	통달할 **달**	많을 **다**	
摩	那	斯	龍	優	鉢	羅	마나사용왕과 우발라용왕과
갈 **마**	어찌 **나**	이 **사**	용 **용**	넉넉할 **우**	바리때 **발**	그물 **라**	
法	緊	那	羅	妙	法	王	법긴나라왕과 묘법긴나라왕과
법 **법**	긴할 **긴**	어찌 **나**	그물 **라**	묘할 **묘**	법 **법**	임금 **왕**	

大	法	緊	那	持	法	王		대법긴나라왕과 지법긴나라왕과
큰 대	법 법	긴할 긴	어찌 나	가질 지	법 법	임금 왕		
樂	乾	闥	婆	樂	音	王		악건달바왕과 악음건달바왕과
노래 악	하늘 건	문 달	할미 파(바)	노래 악	소리 음	임금 왕		
美	乾	闥	婆	美	音	王		미건달바왕과 미음건달바왕과
아름다울 미	하늘 건	문 달	할미 파(바)	아름다울 미	소리 음	임금 왕		
婆	稚	佉	羅	騫	馱	王		바치아수라왕과 거라건타아수라왕과
할미 파(바)	꿩 치	나라 이름 거	그물 라	이지러질 건	실을 타	임금 왕		
毘	摩	質	多	羅	修	羅		비마질다라아수라왕과
도울 비	갈 마	바탕 질	많을 다	그물 라	닦을 수	그물 라		
羅	睺	阿	修	羅	王	等		라후아수라왕 등과
그물 라	애꾸눈 후	언덕 아	닦을 수	그물 라	임금 왕	무리 등		
大	德	迦	樓	大	身	王		대위덕가루라왕과 대신가루라왕과
큰 대	덕 덕	부처 이름 가	다락 루	큰 대	몸 신	임금 왕		
大	滿	迦	樓	如	意	王		대만가루라왕과 여의가루라왕과
큰 대	찰 만	부처이름 가	다락 루	같을 여	뜻 의	임금 왕		
韋	提	希	子	阿	闍	世		위제희의 아들 아사세왕 등
가죽 위	끌 제	바랄 희	아들 자	언덕 아	사리 사	세상 세		

							해석
各	與	若	干	百	千	人	각각 무수한 백천 대중들이 모여서
각각 **각**	더불어 **여**	같을 **약**	방패 **간**	일백 **백**	일천 **천**	사람 **인**	
佛	爲	說	經	無	量	義	석가모니 부처님이 무량의경을 설하시고
부처 **불**	할 **위**	말씀 **설**	글 **경**	없을 **무**	헤아릴 **량**	뜻 **의**	
無	量	義	處	三	昧	中	무량의처삼매 중에 드시니
없을 **무**	헤아릴 **량**	옳을 **의**	곳 **처**	석 **삼**	어두울 **매**	가운데 **중**	
天	雨	四	華	地	六	震	하늘에서는 네 가지 꽃이 비 내리고 땅에서는 여섯 가지로 진동하고
하늘 **천**	비 **우**	넉 **사**	꽃 **화**	땅 **지**	여섯 **육**	우레 **진**	
四	衆	八	部	人	非	人	사부대중과 천룡팔부와 사람인 듯 사람 아닌 듯한 이들과
넉 **사**	무리 **중**	여덟 **팔**	거느릴 **부**	사람 **인**	아닐 **비**	사람 **인**	
及	諸	小	王	轉	輪	王	작은 나라 왕들과 전륜왕과
및 **급**	모두 **제**	작을 **소**	임금 **왕**	구를 **전**	바퀴 **륜**	임금 **왕**	
諸	大	衆	得	未	曾	有	모든 대중들이 미증유를 얻어서
모두 **제**	큰 **대**	무리 **중**	얻을 **득**	아닐 **미**	일찍 **증**	있을 **유**	
歡	喜	合	掌	心	觀	佛	환희하여 합장하고 부처님을 바라보네.
기쁠 **환**	기쁠 **희**	합할 **합**	손바닥 **장**	마음 **심**	볼 **관**	부처 **불**	
佛	放	眉	間	白	毫	光	부처님이 미간백호에서 광명을 놓아
부처 **불**	놓을 **방**	눈썹 **미**	사이 **간**	흰 **백**	터럭 **호**	빛 **광**	

光	照	東	方	萬	八	千		동방으로 일만팔천 세계를 비추시니
빛 광	비칠 조	동녘 동	방위 방	일만 만	여덟 팔	일천 천		
下	至	阿	鼻	上	阿	迦		아래로는 아비지옥과 위로는 아가니타천까지
아래 하	이를 지	언덕 아	코 비	위 상	언덕 아	부처 이름 가		
衆	生	諸	佛	及	菩	薩		중생들과 부처님과 보살들까지라
무리 중	날 생	모두 제	부처 불	및 급	보리 보	보살 살		
種	種	修	行	佛	說	法		갖가지로 수행하고 설법하고
종류 종	종류 종	닦을 수	행할 행	부처 불	말씀 설	법 법		
涅	槃	起	塔	此	悉	見		열반하고 탑 세우는 모든 사실들을 보았어라.
개흙 열	쟁반 반	일어날 기	탑 탑	이 차	다 실	볼 견		
大	衆	疑	念	彌	勒	問		대중들이 의심하여 미륵보살이 질문하니
큰 대	무리 중	의심할 의	생각 념	두루 미	굴레 륵	물을 문		
文	殊	師	利	爲	決	疑		문수사리보살이 의심을 풀어 대답하되
글월 문	다를 수	스승 사	이로울 리	위할 위	끊을 결	의심할 의		
我	於	過	去	見	此	瑞		내가 과거 무량겁에 이런 상서 보았는데
나 아	어조사 어	지날 과	갈 거	볼 견	이 차	상서 서		
卽	說	妙	法	汝	當	知		묘한 법을 설했나니 그대들은 마땅히 알라.
곧 즉	말씀 설	묘할 묘	법 법	너 여	마땅 당	알 지		

時	有	日	月	燈	明	佛	그 당시에 일월등명 부처님이 계시어서
때 **시**	있을 **유**	해 **일**	달 **월**	등불 **등**	밝을 **명**	부처 **불**	
爲	說	正	法	初	中	後	바른 법을 설하시매 처음 중간 마지막이
할 **위**	말씀 **설**	바를 **정**	법 **법**	처음 **초**	가운데 **중**	뒤 **후**	
純	一	無	雜	梵	行	相	순일하여 잡됨 없고 깨끗한 행 갖췄으니
순수할 **순**	한 **일**	없을 **무**	섞일 **잡**	하늘 **범**	행할 **행**	모양 **상**	
說	應	諦	緣	六	度	法	사제와 십이인연과 육바라밀 설하시어
말씀 **설**	응당 **응**	진리 **제**	인연 **연**	여섯 **육**	법도 **도**	법 **법**	
令	得	阿	耨	菩	提	智	아뇩보리 일체종지 모두 얻게 하시나니
하여금 **영**	얻을 **득**	언덕 **아**	김맬 **누(뇩)**	보리 **보**	끌 **제(리)**	슬기 **지**	
如	是	二	萬	皆	同	名	이와 같은 이만 명의 일월등명 부처님
같을 **여**	이 **시**	두 **이**	일만 **만**	다 **개**	한가지 **동**	이름 **명**	
最	後	八	子	爲	法	師	마지막 여덟 왕자 모두 법사 되었으니
가장 **최**	뒤 **후**	여덟 **팔**	아들 **자**	될 **위**	법 **법**	스승 **사**	
是	時	六	瑞	皆	如	是	그때에도 여섯 상서 모두 그와 같았어라.
이 **시**	때 **시**	여섯 **육**	상서 **서**	다 **개**	같을 **여**	이 **시**	
妙	光	菩	薩	求	名	尊	묘광보살과 구명보살이
묘할 **묘**	빛 **광**	보리 **보**	보살 **살**	구할 **구**	이름 **명**	높을 **존**	

文	殊	彌	勒	豈	異	人	문수보살과 미륵보살이더라.
글월 **문**	다를 **수**	두루 **미**	굴레 **륵**	어찌 **기**	다를 **이**	사람 **인**	
德	藏	堅	滿	大	樂	說	덕장보살 견만보살 대요설보살이며
덕 **덕**	감출 **장**	굳을 **견**	찰 **만**	큰 **대**	좋아할 **요**	말씀 **설**	
智	積	上	行	無	邊	行	지적보살 상행보살 무변행보살이라
슬기 **지**	쌓을 **적**	위 **상**	행할 **행**	없을 **무**	가 **변**	행할 **행**	
淨	行	菩	薩	安	立	行	정행보살과 안립행보살과
깨끗할 **정**	행할 **행**	보리 **보**	보살 **살**	편안 **안**	설 **립**	행할 **행**	
常	不	輕	士	宿	王	華	상불경보살과 수왕화보살이며
항상 **상**	아닐 **불**	가벼울 **경**	선비 **사**	별자리 **수**	임금 **왕**	꽃 **화**	
一	切	衆	生	喜	見	人	일체중생희견보살과
한 **일**	온통 **체**	무리 **중**	날 **생**	기쁠 **희**	볼 **견**	사람 **인**	
妙	音	菩	薩	上	行	意	묘음보살과 상행의보살과
묘할 **묘**	소리 **음**	보리 **보**	보살 **살**	위 **상**	행할 **행**	뜻 **의**	
莊	嚴	王	及	華	德	士	장엄왕보살과 화덕보살과
꾸밀 **장**	엄할 **엄**	임금 **왕**	및 **급**	꽃 **화**	덕 **덕**	선비 **사**	
無	盡	意	與	持	地	人	무진의보살과 지지보살과
없을 **무**	다할 **진**	뜻 **의**	더불어 **여**	가질 **지**	땅 **지**	사람 **인**	

光	照	莊	嚴	藥	王	尊		광조장엄상보살과 약왕보살과
빛 **광**	비칠 **조**	꾸밀 **장**	엄할 **엄**	약 **약**	임금 **왕**	높을 **존**		
藥	上	菩	薩	普	賢	尊		약상보살과 보현보살은
약 **약**	위 **상**	보리 **보**	보살 **살**	넓을 **보**	어질 **현**	높을 **존**		
常	隨	三	世	十	方	佛		시방삼세 부처님을 항상 함께 따르나니
항상 **상**	따를 **수**	석 **삼**	세상 **세**	열 **십(시)**	방위 **방**	부처 **불**		
日	月	燈	明	燃	燈	佛		일월등명부처님 연등부처님
해 **일**	달 **월**	등불 **등**	밝을 **명**	탈 **연**	등불 **등**	부처 **불**		
大	通	智	勝	如	來	佛		대통지승여래부처님과
큰 **대**	통할 **통**	슬기 **지**	수승할 **승**	같을 **여**	올 **래**	부처 **불**		
阿	閦	佛	及	須	彌	頂		아촉부처님과 수미정부처님과
언덕 **아**	무리 **축(촉)**	부처 **불**	및 **급**	모름지기 **수**	두루 **미**	정수리 **정**		
獅	子	音	佛	獅	子	相		사자음부처님과 사자상부처님과
사자 **사**	아들 **자**	소리 **음**	부처 **불**	사자 **사**	아들 **자**	모양 **상**		
虛	空	住	佛	常	滅	佛		허공주부처님과 상멸부처님과
빌 **허**	빌 **공**	살 **주**	부처 **불**	항상 **상**	꺼질 **멸**	부처 **불**		
帝	相	佛	與	梵	相	佛		제상부처님과 범상부처님과
임금 **제**	모양 **상**	부처 **불**	더불어 **여**	하늘 **범**	모양 **상**	부처 **불**		

阿	彌	陀	佛	度	苦	惱	아미타부처님과 도고뇌부처님과
언덕 **아**	두루 **미**	비탈질 **타**	부처 **불**	법도 **도**	괴로울 **고**	번뇌할 **뇌**	
多	摩	羅	佛	須	彌	相	다마라부처님과 수미상부처님과
많을 **다**	갈 **마**	그물 **라**	부처 **불**	모름지기 **수**	두루 **미**	모양 **상**	
雲	自	在	佛	自	在	王	운자재부처님과 자재왕부처님과
구름 **운**	스스로 **자**	있을 **재**	부처 **불**	스스로 **자**	있을 **재**	임금 **왕**	
壞	怖	畏	佛	多	寶	佛	괴포외부처님과 다보부처님과
무너질 **괴**	두려워할 **포**	두려워할 **외**	부처 **불**	많을 **다**	보배 **보**	부처 **불**	
威	音	王	佛	日	月	燈	위음왕부처님과 일월등명부처님과
위엄 **위**	소리 **음**	임금 **왕**	부처 **불**	해 **일**	달 **월**	등불 **등**	
雲	自	在	燈	淨	明	德	운자재등부처님과 정명덕부처님과
구름 **운**	스스로 **자**	있을 **재**	등불 **등**	깨끗할 **정**	밝을 **명**	덕 **덕**	
淨	華	宿	王	雲	雷	音	정화수왕부처님과 운뢰음왕부처님과
깨끗할 **정**	꽃 **화**	별자리 **수**	임금 **왕**	구름 **운**	우레 **뢰**	소리 **음**	
雲	雷	音	宿	王	華	智	운뢰음수왕화지부처님과
구름 **운**	우레 **뢰**	소리 **음**	별자리 **수**	임금 **왕**	꽃 **화**	슬기 **지**	
寶	威	德	上	王	如	來	보위덕상왕여래 등
보배 **보**	위엄 **위**	덕 **덕**	위 **상**	임금 **왕**	같을 **여**	올 **래**	

如	是	諸	佛	諸	菩	薩	이와 같은 모든 부처님과 모든 보살들이
같을 **여**	이 **시**	모두 **제**	부처 **불**	모두 **제**	보리 **보**	보살 **살**	
已	今	當	來	說	妙	法	과거와 현재와 미래에 묘법을 설하시니
이미 **이**	이제 **금**	당할 **당**	올 **래**	말씀 **설**	묘할 **묘**	법 **법**	
於	此	法	會	與	十	方	이 법회와 시방세계 대중들이
어조사 **어**	이 **차**	법 **법**	모일 **회**	더불어 **여**	열 **십(시)**	방위 **방**	
常	隨	釋	迦	牟	尼	佛	석가모니 부처님을 항상 따라 배우고자
항상 **상**	따를 **수**	풀 **석**	부처이름 **가**	소우는소리 **모**	여승 **니**	부처 **불**	
雲	集	相	從	法	會	中	운집하여 서로 따라 법회 중에 함께하여
구름 **운**	모을 **집**	서로 **상**	좇을 **종**	법 **법**	모일 **회**	가운데 **중**	
漸	頓	身	子	龍	女	等	점법과 돈법으로 사리불과 용녀로다.
점점 **점**	조아릴 **돈**	몸 **신**	아들 **자**	용 **용**	여자 **녀**	무리 **등**	
一	雨	等	澍	諸	樹	草	같은 비가 모든 수초에 동등하게 내리듯이
한 **일**	비 **우**	같을 **등**	단비 **주**	모두 **제**	나무 **수**	풀 **초**	
序	品	方	便	譬	喩	品	서품과 방편품과 비유품이며
차례 **서**	가지 **품**	처방 **방**	편할 **편**	비유할 **비**	비유할 **유**	가지 **품**	
信	解	藥	草	授	記	品	신해품과 약초유품과 수기품과
믿을 **신**	풀 **해**	약 **약**	풀 **초**	줄 **수**	기록할 **기**	가지 **품**	

化	城	喩	品	五	百	第		화성유품과 오백제자수기품과
될 **화**	성 **성**	비유할 **유**	가지 **품**	다섯 **오**	일백 **백**	차례 **제**		
授	學	無	學	人	記	品		수학무학인기품과
줄 **수**	배울 **학**	없을 **무**	배울 **학**	사람 **인**	기록할 **기**	가지 **품**		
法	師	品	與	見	寶	塔		법사품과 견보탑품과
법 **법**	스승 **사**	가지 **품**	더불어 **여**	볼 **견**	보배 **보**	탑 **탑**		
提	婆	達	多	與	持	品		제바달다품과 권지품과
끌 **제**	할미 **파(바)**	통달할 **달**	많을 **다**	더불어 **여**	가질 **지**	가지 **품**		
安	樂	行	品	從	地	踊		안락행품과 종지용출품과
편안할 **안**	즐길 **락**	행할 **행**	가지 **품**	좇을 **종**	땅 **지**	뛸 **용**		
如	來	壽	量	分	別	功		여래수량품과 분별공덕품과
같을 **여**	올 **래**	목숨 **수**	헤아릴 **량**	나눌 **분**	나눌 **별**	공 **공**		
隨	喜	功	德	法	師	功		수희공덕품과 법사공덕품과
따를 **수**	기쁠 **희**	공 **공**	덕 **덕**	법 **법**	스승 **사**	공 **공**		
常	不	輕	品	神	力	品		상불경보살품과 여래신력품과
항상 **상**	아닐 **불**	가벼울 **경**	가지 **품**	신통할 **신**	힘 **력**	가지 **품**		
囑	累	藥	王	本	事	品		촉루품과 약왕보살본사품과
부탁할 **촉**	여러 **루**	약 **약**	임금 **왕**	근본 **본**	일 **사**	가지 **품**		

妙	音	觀	音	普	門	品	묘음보살품과 관세음보살보문품과
묘할 **묘**	소리 **음**	볼 **관**	소리 **음**	넓을 **보**	문 **문**	가지 **품**	
陀	羅	尼	品	妙	莊	嚴	다라니품과 묘장엄왕본사품과
비탈질 **타(다)**	그물 **라**	여승 **니**	가지 **품**	묘할 **묘**	꾸밀 **장**	엄할 **엄**	
普	賢	菩	薩	勸	發	品	보현보살권발품까지
넓을 **보**	어질 **현**	보리 **보**	보살 **살**	권할 **권**	필 **발**	가지 **품**	
二	十	八	品	圓	滿	敎	이십팔품으로써 원만한 교설이더라.
두 **이**	열 **십**	여덟 **팔**	가지 **품**	둥글 **원**	찰 **만**	가르칠 **교**	
是	爲	一	乘	妙	法	門	이것이 곧 일승묘법의 법문으로
이 **시**	될 **위**	한 **일**	탈 **승**	묘할 **묘**	법 **법**	문 **문**	
支	品	別	偈	皆	具	足	가지가 되는 품과 게송들이 모두 다 구족하니
가를 **지**	가지 **품**	나눌 **별**	게송 **게**	다 **개**	갖출 **구**	족할 **족**	
讀	誦	受	持	信	解	人	독송하고 수지하고 신해하는 사람들은
읽을 **독**	외울 **송**	받을 **수**	가질 **지**	믿을 **신**	풀 **해**	사람 **인**	
從	佛	口	生	佛	衣	覆	부처님 말씀 듣고 출생하니 부처님이 옷으로 덮어 주며
좇을 **종**	부처 **불**	입 **구**	날 **생**	부처 **불**	옷 **의**	덮을 **부**	
普	賢	菩	薩	來	守	護	보현보살 다가와서 그를 수호하여 주고
넓을 **보**	어질 **현**	보리 **보**	보살 **살**	올 **내**	지킬 **수**	도울 **호**	

魔	鬼	諸	惱	皆	消	除	마귀들의 괴롭힘은 한결같이 사라지고
마귀 **마**	귀신 **귀**	모두 **제**	번뇌할 **뇌**	다 **개**	사라질 **소**	덜 **제**	
不	貪	世	間	心	意	直	세간사에 탐착 않고 마음과 뜻 올곧으며
아닐 **불**	탐할 **탐**	세상 **세**	사이 **간**	마음 **심**	뜻 **의**	곧을 **직**	
有	正	憶	念	有	福	德	올바르게 기억하면 그 복덕이 한량없고
있을 **유**	바를 **정**	억 **억**	생각 **념**	있을 **유**	복 **복**	덕 **덕**	
忘	失	句	偈	令	通	利	잊고 있던 구절 게송 생생하게 떠오르고
잊을 **망**	잃을 **실**	글귀 **구**	게송 **게**	하여금 **영**	통할 **통**	날카로울 **리**	
不	久	當	詣	道	場	中	머지않아 법화회상 도량 중에 나아가서
아닐 **불**	오랠 **구**	당할 **당**	이를 **예**	길 **도**	마당 **장(량)**	가운데 **중**	
得	大	菩	提	轉	法	輪	큰 깨달음을 얻게 되고 묘법륜을 굴리나니
얻을 **득**	큰 **대**	보리 **보**	끌 **제(리)**	구를 **전**	법 **법**	바퀴 **륜**	
是	故	見	者	如	敬	佛	그러므로 만나는 이는 부처님과 같이 공경하네.
이 **시**	연고 **고**	볼 **견**	사람 **자**	같을 **여**	공경 **경**	부처 **불**	
南	無	妙	法	蓮	華	經	나무묘법연화경
나무 **나**	없을 **무**	묘할 **묘**	법 **법**	연꽃 **연**	꽃 **화**	글 **경**	
靈	山	會	上	佛	菩	薩	영산회상불보살
신령 **영**	뫼 **산**	모일 **회**	위 **상**	부처 **불**	보리 **보**	보살 **살**	

一	乘	妙	法	蓮	華	經		일승묘법연화경
한 **일**	탈 **승**	묘할 **묘**	법 **법**	연꽃 **연**	꽃 **화**	글 **경**		
寶	藏	菩	薩	略	纂	偈		보장보살약찬게.
보배 **보**	감출 **장**	보리 **보**	보살 **살**	간략할 **약**	모을 **찬**	게송 **게**		

〈사경 7회〉

사경 발원문

사경끝난날: 년 월 일

________________ 두손모음

如天 無比

1943년 영덕에서 출생하였다.
1958년 출가하여 덕흥사, 불국사, 범어사를 거쳐 1964년 해인사 강원을 졸업하고 동국역경연수원에서 수학하였다.
10여 년 선원생활을 하고 1976년 탄허 스님에게 화엄경을 수학하고 전법, 이후 통도사 강주, 범어사 강주,
은해사 승가대학원장, 대한불교조계종 교육원장, 동국역경원장, 동화사 한문불전승가대학원장 등을 역임하였다.
2018년 5월에는 수행력과 지도력을 갖춘 승랍 40년 이상 되는 스님에게 품서되는 대종사 법계를 받았다.
현재 부산 문수선원 문수경전연구회에서 150여 명의 스님과 300여 명의 재가 신도들에게 화엄경을 강의하고 있다.
또한 다음 카페 '염화실'(http://cafe.daum.net/yumhwasil)을 통해
'모든 사람을 부처님으로 받들어 섬김으로써 이 땅에 평화와 행복을 가져오게 한다.'는 인불사상人佛思想을 펼치고 있다.

저서로
『대방광불화엄경 강설』(전 81권), 『무비 스님의 유마경 강설』(전 3권), 『대방광불화엄경 실마리』, 『무비 스님의 왕복서 강설』,
『무비 스님이 풀어 쓴 김시습의 법성게 선해』, 『법화경 법문』, 『신금강경 강의』, 『직지 강설』(전 2권), 『법화경 강의』(전 2권),
『신심명 강의』, 『임제록 강설』, 『대승찬 강설』, 『당신은 부처님』, 『사람이 부처님이다』, 『이것이 간화선이다』,
『무비 스님과 함께하는 불교공부』, 『무비 스님의 증도가 강의』, 『일곱 번의 작별인사』,
무비 스님이 가려 뽑은 명구 100선 시리즈(전 4권) 등이 있고
편찬하고 번역한 책으로 『화엄경(한글)』(전 10권), 『화엄경(한문)』(전 4권), 『금강경 오가해』 등이 있다.

무비 스님의 법화경약찬게 사경

| **초판1쇄 발행**_ 2021년 8월 31일

| **지은이**_ 여천 무비(如天 無比)
| **펴낸이**_ 오세룡
| **편집**_ 박성화 손미숙 전태영 유나리
| **기획**_ 최은영 곽은영 김희재
| **디자인**_ 장혜정 고혜정 김효선
| **홍보 마케팅**_ 이주하
| **펴낸곳**_ 담앤북스
서울특별시 종로구 새문안로3길 23 경희궁의 아침 4단지 805호
대표전화 02)765-1251 전송 02)764-1251 전자우편 damnbooks@hanmail.net
출판등록 제300-2011-115호
| ISBN 979-11-6201-319-9 03220

정가 10,000원